Wie Karl May
Adolf Hitler
traf
und
andere
wahre
Geschichten

Hans Christoph Buch

Wie Karl May Adolf Hitler traf und andere wahre Geschichten

Eichborn Berlin

Der Autor dankt dem Deutschen Literaturfonds in Darmstadt und der Stiftung Preußische Seehandlung in Berlin für die Förderung der Arbeit an diesem Buch.

1 2 3 05 04 03

Umschlaggestaltung: Christiane Hahn
Lektorat: Wolfgang Hörner
Layout: Cosima Schneider
Satz: Fuldaer Verlagsagentur, Fulda
Druck und Bindung: Clausen & Bosse, Leck
(Eichborn Berlin)

ISBN 3-8218-0728-8

Verlagsverzeichnis schickt gern:
Eichborn Verlag, Kaiserstr. 66, D-60329 Frankfurt am Main
www.eichborn.de

INHALT

7 *ANSTELLE EINES PROLOGS*

13 STRATEGISCHE ERNTE ODER: DIE GEBURT DES TOTALITARISMUS AUS DEM GEIST DER NÄCHSTENLIEBE

53 EIN ERDBEBEN IN CHILE

61 *DOPPELANEKDOTE (I)*

65 LARA, LA GUERRILLERA ODER: FRAU VOR FLUSSLANDSCHAFT

103 UNMÖGLICH, NICHT PROKUBANISCH ZU SEIN

109 *DOPPELANEKDOTE (II)*

115 BITTERE LILIEN ODER: WEIT WEG UND LANGE HER

147 PLÄDOYER DES STAATSANWALTS WYSCHINSKI IN DER STRAFSACHE DES CHEFS DER POLARSTATION SEMENTSCHUK UND DES HUNDESCHLITTENLENKERS STARZEW

171 *DOPPELANEKDOTE (III)*

175 EMPOR INS REICH DER EDELMENSCHEN ODER: WIE KARL MAY ADOLF HITLER TRAF

203 *RÜCKBLICK UND AUSBLICK*

207 NACHBEMERKUNG DES AUTORS

ANSTELLE EINES PROLOGS

1

Als Lucius Annaeus Seneca, auch Seneca der Jüngere genannt, auf Befehl des Kaisers Nero, dem er in jüngeren Jahren als Erzieher und später als Ratgeber gedient hatte, zum Tode verurteilt wurde, zögerte er keinen Augenblick und befahl seinen Sklaven, die nötigen Anstalten für seine Selbsttötung zu treffen. Seit über sechzig Jahren hatte Seneca diesen Augenblick erwartet, da das gesamte Leben, wie er in einem Brief an seinen Schüler Lucilius schrieb, eigentlich nur ein hinausgeschobenes Sterben sei, das mit der Geburt beginne und mit dem Tode ende; so besehen, sei der Tod keine Strafe, sondern ein Geschenk der Götter, besonders dann, wenn der Sterbende ihm gefaßt entgegengehe und wie Sokrates mit ruhiger Hand den Schierlingsbecher ergreife. Ein solcher Tod verdiene, ruhmvoll genannt zu werden; folglich, da kein Übel ruhmvoll ist, sei der Tod nicht von Übel. Sein Leben lang hatte Seneca über diese Fragen nachgedacht, und ohne jedes Anzeichen von Unruhe oder Angst legte er nach dem Essen, das wie stets aus Feldfrüchten, Milch und Brot bestand, die Tunica ab und stieg in das von seinem Sklaven eingelassene Bad, um sich unter ärztlicher Aufsicht die Pulsadern zu öffnen. Aber das war leichter gesagt als getan. Entweder war das Messer zu stumpf, oder das Badewasser war nicht heiß genug, denn obwohl Seneca keine Miene verzog, als die Klinge seine Haut ritzte, floß aus seinen geöffneten Adern nur ein dünnes Rinnsal Blut, das sich unauffindbar in der Badewanne verlor und ganz versiegte, während die Wunde an seinem Handgelenk sich wie der Kiemen eines aus dem Wasser gezogenen Fischs von selbst wieder schloß. Der Arzt erweiterte und vertiefte die Wunde mit einem Messer, dessen Klinge er im Feuer erhitzt hatte, eine Prozedur, die Seneca mit stoischer Ruhe, ohne einen Schmerzenslaut, über sich ergehen ließ, wobei er sich ein mit Rosenwasser getränktes Tuch vor die

Nase preßte, um den Gestank des verbrannten Fleisches nicht riechen zu müssen. Aber auch dieses Mittel schlug nicht an, ebensowenig wie der mit Nelken und Honig gewürzte Wein, den der Arzt ihm zu trinken gab, um den Puls zu kräftigen, und der Einlauf, mit dem sein Sklave ihm den Darm entleerte. Auf eigenen Wunsch wurde Seneca ins Dampfbad gebracht, verlor aber trotz der Klammern, mit denen man seine Pulsadern offenhielt, nur wenig Blut und spie das tödliche Gift, das der Arzt ihm einflößte, wieder aus.

»So mühsam hatte ich mir meine letzte Stunde nicht vorgestellt«, sagte Seneca, dem die Strapazen des Sterbens jetzt doch anzumerken waren. »Ich dachte immer, die Philosophie umgebe mich wie ein unübersteigbarer Wall, und meine Seele sei unangreifbar im Inneren einer Burg verschanzt. Es ist leicht, weit entfernte Übel herauszufordern, aber alle großen Worte versagen, wenn das glühende Eisen dir naht. Hic Rhodus, hic salta! *Hier ist der Schmerz, den du für erträglich erklärtest, hier der Tod, über den du dich so kaltblütig ausgesprochen hast. Jetzt zeige Mut und ein standhaftes Herz, Aeneas!« Und er bat seinen Sklaven unter Tränen, ihn mit dem Badetuch zu ersticken, was diesem jedoch erst beim dritten Versuch gelang.*

Als Nero die Nachricht von Senecas Tod erhielt, ordnete er ein feierliches Staatsbegräbnis an, bei dem er selbst als Chorführer auftrat und, von der eigenen Sangeskunst gerührt, zu weinen begann. Befragt, warum er den Philosophen zum Tode verurteilt habe, erwiderte der Kaiser, diesen Wunsch habe er seinem Lehrer unmöglich abschlagen können, da dieser das standhafte Sterben stets als höchste Tugend gepriesen habe. Zwar ziehe er das Erdrosseln anderer dem Erdrosseltwerden vor, aber, fügte Nero mit einem listigen Lächeln hinzu, er habe wissen wollen, welche Todesart die beste sei.

2

Im Frühsommer 1948 schockierte der Generalsekretär der KPdSU, Generalissimus der Roten Armee und Sieger im Großen Vaterländischen Krieg, Josef Wissarionowitsch Stalin, die im Spiegelsaal des Kreml versammelten Mitglieder des Politbüros mit der Ankündigung, die Todesstrafe werde mit sofortiger Wirkung abgeschafft. »Nach mir vorliegenden Informationen«, sagte Stalin und sog nachdenklich an seiner Dunhill-Pfeife, die wie die Rauchzeichen nordamerikanischer Indianer eine verschlüsselte Botschaft auszusenden schien, »wurden seit der Oktoberrevolution auf dem Territorium der UdSSR etwa zwölf Millionen Menschen exekutiert, die Opfer des Bürgerkrieges und der durch die Kollektivierung der Landwirtschaft verursachten Hungersnot, sowie die in Lagern und in Verbannung ums Leben Gekommenen nicht mitgerechnet. Die kapitalistische Presse spricht von mehr als zwanzig Millionen Toten, eine Hochrechnung, die der Wahrheit näherkommen dürfte als die mir vom Innenministerium vorgelegten, frisierten Zahlen, die dessen Leiter, Genosse Abakumow, stets nach unten zu korrigieren pflegt. Ich habe ihn rufen lassen, damit er uns seine Eigenmächtigkeit erläutern kann.«

»Zwar hatten die meisten Festgenommenen«, fuhr Stalin fort, nachdem der bleich gewordene Abakumow in Handschellen abgeführt worden war, »den Tod verdient, denn es handelte sich um Volksschädlinge, Verräter und Saboteure sowie Trotzkisten, Menschewiki und andere parteifeindliche Elemente, die unschädlich gemacht werden mußten. Aber Wladimir Iljitsch und ich haben nie einen Zweifel daran gelassen, daß der Terror nicht zur Dauereinrichtung werden darf und daß die notwendigen Säuberungen nur eine vorübergehende Maßnahme darstellten, einen operativen Eingriff, der nicht zum Ableben des Patienten, sondern zu dessen Genesung führen sollte. In diesem Zusammenhang sind mir Klagen zu Ohren gekommen, die zuständigen Organe hätten bürokratische Willkür und Selbstherrlichkeit an den Tag gelegt und unbescholtene Bürger zum

Eingeständnis von Verbrechen gezwungen, die diese nie und nimmer begangen hätten. Die für solche Übergriffe Verantwortlichen sind streng zu bestrafen, da der Sowjetstaat keine Verletzung der sozialistischen Gesetzlichkeit dulden darf. Gibt es Fragen hierzu?«

Nachdem sie sich vom ersten Schock erholt hatten, meldeten sich die anwesenden Mitglieder des Politbüros zu Wort. Der Chefankläger in den Moskauer Prozessen, Andrej Januarjewitsch Wyschinski, der als UN-Botschafter der Sowjetunion die Erklärung der Menschenrechte unterschrieben hatte, lobte den breiten und tiefen Humanismus des Genossen Stalin, der der verlogenen Humanitätsduselei der Bourgeoisie den Wind aus den Segeln nehme, während Lawrentij Beria, in der Annahme, es handle sich um eine List, mit der Stalin seine Loyalität auf die Probe stelle, für die Beibehaltung der Todesstrafe plädierte mit dem Argument, nach Aufdeckung eines zionistischen Komplotts zur Vergiftung der Partei- und Staatsführung sei hartes Durchgreifen erforderlich. Molotow und Malenkow enthielten sich der Stimme – der eine, weil er um das Leben seiner ans nördliche Eismeer verbannten Frau, der andere, weil er um sein eigenes Leben fürchtete, während Shdanow eine mittlere Linie fuhr und die Abschaffung der Todesstrafe bei deren gleichzeitiger Beibehaltung empfahl: Vom Standpunkt des dialektischen Materialismus sei es kein Widerspruch, die Todesstrafe offiziell zu ächten und insgeheim weiter zu praktizieren, wie dies in kapitalistischen Staaten gang und gäbe sei. Shdanow wußte nicht, daß er damit sein eigenes Todesurteil ausgesprochen hatte. »Wir leben nicht in einem kapitalistischen Land«, sagte Stalin, »sondern in der Union sozialistischer Sowjetrepubliken, deren höchster Souverän das Volk ist. Die Arbeiterklasse, die Kolchosbauern und die werktätige Intelligenz, auf deren festem Bündnis die Politik unserer Partei beruht – sie allein entscheiden, ob die Todesstrafe abgeschafft oder beibehalten werden soll. Ihr Votum ist mir oberstes Gebot, dem ich mich widerspruchslos unterordne, selbst dann, wenn das Sowjetvolk mit überwältigender Mehrheit beschließen sollte, daß die von mir abgeschaffte Todesstrafe zur Abwehr innerer und äußerer Feinde erneut eingeführt werden muß.«

STRATEGISCHE ERNTE ODER: DIE GEBURT DES TOTALITARISMUS AUS DEM GEIST DER NÄCHSTENLIEBE

1

Am 9. Dezember 1978, einem Samstag, landete die wöchentliche Linienmaschine aus Peking mit geringfügiger Verspätung auf dem Pochentong-Flughafen von Phnom Penh, der Hauptstadt des Königreichs Kambodscha, das von seinen neuen Machthabern, den Roten Khmer, in Demokratisches Kamputschea umbenannt worden war. An Bord des Turboprop-Jets befanden sich zwei Dutzend Deichbauexperten aus der Volksrepublik China, eine sechsköpfige Delegation der japanischen Arbeiterpartei, der Militärattaché der albanischen Botschaft und ein diplomatischer Kurier aus Pyöngyang sowie drei englischsprachige Reporter, die auf Einladung von Kamputscheas UN-Botschafter Ieng Sary als erste westliche Journalisten das hermetisch von der Außenwelt abgeschottete Land besuchten: Rosalynn Baker vom *Boston Globe*, Robert Baldwin von der *Los Angeles Times*, und der Soziologieprofessor Michael Caudwell von der Universität London. Rosalynn Baker kannte Land und Leute und hatte sich in amerikanischen Journalistenkreisen als Südostasienexpertin einen Namen gemacht. Anfang der siebziger Jahre war sie als Korrespondentin der *New York Times* in Phnom Penh stationiert, als amerikanische B-52-Bomber den durch Kambodscha führenden Ho-Tschi-Minh-Pfad bombardierten und das Land gegen den Willen von König Sihanuk, der während eines Staatsbesuchs in der UdSSR von General Lon Nol gestürzt wurde, in den Vietnamkrieg hineinzogen. Robert Baldwin war fast doppelt so alt wie die 30jährige Rosalynn Baker und hatte sich als Kritiker des militärischen Eingreifens in Vietnam profiliert; als Kriegskorrespondent vor Ort war er 1970 vierzig Tage lang Gefangener der vietnamesischen Kommunisten, die ihn als ersten Amerikaner nach Kriegsende zum Besuch ihres wiedervereinigten Landes einluden. Anders als die beiden Reporter, denen die kambodschanischen Behörden trotz oder wegen ihrer kritischen Berichterstattung mißtrauten, galt Michael Caudwell als Freund des Demokratischen Kamputschea, denn er hatte Nordkorea und die VR China besucht und den Sieg der Roten Khmer begrüßt als Agrarrevolution neuen Typs, die aus den Fehlentwicklungen der UdSSR gelernt habe, eine überstürzte Industrialisierung zu vermeiden; auch unter ökologischem Aspekt sei das Demokratische Kamputschea eine interessante Alternative zum westlichen *Way of Life*.

Nach der Landung stand Rosalynn Baker als erste von ihrem Sitz auf und klappte das Gepäckfach herunter, um ihre Handtasche aus der Ablage zu entnehmen, doch die chinesische Stewardess wies sie höflich, aber bestimmt auf ihren Platz zurück und befahl ihr, solange sitzen zu bleiben, bis die übrigen Reisenden das Flugzeug verlassen hätten: Ein Vorgeschmack auf das, was die ausländischen Besucher in Kambodscha erwartete. Ein Passagier nach dem anderen wurde namentlich aufgerufen, und es dauerte eine halbe Stunde, bis die chinesischen Deichbauexperten, die Delegation der japanischen Arbeiterpartei und die Diplomaten aus Nordkorea und Albanien ihre Plätze geräumt und die Maschine verlassen hatten. Erst als der Kurier aus Pyöngyang mit seinem Aktenkoffer die Gangway herabstieg, gab die chinesische Stewardess Rosalynn Baker ein Zeichen – wie Baldwin mutmaßte, war die Ankunft von Abordnungen kommunistischer Bruderländer ein Staatsgeheimnis, das vor Blicken Unbefugter abgeschirmt wurde, wogegen Caudwell einwandte, dies sei in kapitalistischen Staaten nicht anders – und die westlichen Besucher durften die Maschine verlassen. Am Fuß der Gangway wurden sie von einem Mitarbeiter des Protokolls begrüßt, bei dem es sich auch um einen Sicherheitsbeamten handeln konnte – genau genommen zwei Branchen ein und derselben Behörde, deren Vertreter weder anhand ihrer pyjamaartigen Uniformen, noch anhand ihres gefrorenen Lächelns voneinander zu unterscheiden waren – und über einen roten Teppich zu einem schwarzen Mercedes geführt, dessen Chauffeur sich eine Zigarette ansteckte, während neben ihm ein Schlauch ausgerollt wurde, um das mit blinkenden Positionslichtern wartende Flugzeug aufzutanken.

2

Rosalynn Baker kam sich vor wie in einem Traum, den weder sie, noch Baldwin oder Caudwell, sondern eine ihr unbekannte, dritte Person träumte. Sie fühlte sich eingeschlossen im Inneren einer Seifenblase, deren gewölbte Haut die Außenwelt verzerrt wiederspiegelte, während der Mercedes über den Mao-Tse-tung-Boulevard, auf dem keine Autos und nur selten ein Radfahrer auftauchte, in Richtung Stadtzentrum fuhr. Wie anders hatte Phnom Penh bei ihrem letzten Besuch ausgesehen! Sie konnte kaum glauben, daß dies die gleiche Stadt war, die sie im März 1975, wenige Wochen vor dem Einmarsch der Roten Khmer, überstürzt verlassen hatte. Zwar waren Sandsäcke und Stacheldrahtrollen verschwunden, die damals Ministerien und öffentliche Gebäude vor Selbstmordattentätern schützten; aber obwohl Vietnam dem Demokratischen Kamputschea mit Vergeltungsschlägen gedroht hatte, waren die Schlagbäume, deren rotweißer Anstrich sie an amerikanische Friseursalons erinnerte, nur mit Kindersoldaten in schwarzen Pyjamas und Gummisandalen bemannt. Der Mittelstreifen des Boulevards war sauber geharkt, und an Stelle von Panzersperren standen Kübel mit blühenden Bougainvilleas auf der Fahrbahn, die der Mercedes im Slalom umkurvte. Alle Regierungsgebäude waren frisch gestrichen, das Informations-

Ministerium prangte in Safrangelb und die kubanische Botschaft in Korallenrot, während die ehemalige US-Botschaft mit Brettern vernagelt war, aber auf den peinlich sauber gefegten Straßen und Plätzen waren kaum Passanten unterwegs, nur Polizisten, die mit Trillerpfeifen und zackigen Bewegungen den nicht vorhandenen Autoverkehr regelten. Phnom Penh wirkte auf sie wie ein für ausländische Besucher errichtetes Potjemkinsches Dorf, in dem die einheimische Bevölkerung nur noch als Wach- und Putzpersonal zugelassen war, eine Seifenblase, deren gespannte Haut bei der leisesten Berührung zu platzen drohte. Der Mercedes hielt vor dem Gästehaus der Regierung in der Monivong-Straße, einer beschlagnahmten Villa auf der Rückseite eines Parks, der den unter Sihanouk erbauten Chamcar Mon-Palast beherbergte. Obwohl das Dezemberwetter angenehm kühl war, lief die Klimaanlage auf Hochtouren und verbreitete eisige Kälte im Inneren des Gästehauses. Rosalynn Baker bekam eine Suite im ersten Stock zugewiesen, deren Badezimmerschrank von Nagellack, Lippenstiften, Parfüm und Puder überquoll, während Baldwin und Caudwell Zimmer bezogen in Reichweite einer mit Whisky, Gin und Cognac gefüllten Bar; auf Rauchtischen im Flur und im Treppenhaus standen Coca Cola und Mineralwasser sowie amerikanische Zigaretten bereit – ein Hinweis darauf, wie die Machthaber des Demokratischen Kamputschea die Lebensgewohnheiten ihrer ausländischen Gäste einschätzten.

3

Während Baldwin und Caudwell duschten und ihre Koffer auspackten, unternahm Rosalynn Baker einen Spaziergang durch die Nachbarschaft. Der Posten vor der Einfahrt zum Gästehaus war abgezogen, das Tor von innen verriegelt, aber nicht abgeschlossen. Sie öffnete die Tür einen Spaltbreit und zwängte sich nach draußen wie ein Tagedieb, der nicht gesehen werden will. Die Vorsichtsmaßnahme war überflüssig, denn der breite Boulevard war menschenleer. Der Kontrast konnte kaum größer sein: Die einst von Hupkonzerten widerhallende Straßenschlucht, auf der mitten im brausenden Verkehr Limonade-, Zeitungs- und Eisverkäufer ihre Waren feilgeboten hatten, glich einem einsamen Cañon, auf dessen Grund die Nachmittagssonne wandernde Schatten warf. Aus den Ritzen des Betons sprossen Grashalme. Rosalynn fühlte sich in einen Science-Fiction-Film versetzt, der das Leben nach einer Atomkatastrophe zeigte, und stellte sich zum wiederholten Mal die Frage: Gibt es ein Leben nach dem nuklearen Tod, als ihr ein Roter-Khmer-Kader auf einem Moped entgegenkam. Sie begrüßte ihn auf französisch, und wie in alten Tagen, als Fahrräder und Mopeds als Taxis oder Rikschas dienten, ließ der Soldat sie auf den Rücksitz aufspringen und fuhr in die Richtung, die Rosalynn ihm mit gestrecktem Arm anzeigte. Das Monument der Unabhängigkeit war von Blumenrabatten umrahmt, nur die Autoschlangen waren verschwunden, und der permanente Verkehrsstau hatte gähnender Leere Platz gemacht, durch die ein Kindersoldat sein mit einem Reissack beladenes Fahrrad schob. Das pulsierende Herz der Stadt, der Markt, an dem sich ein Verkaufsstand an den anderen gereiht hatte, war mit Bananenstauden bepflanzt, die von Mädchen in schwarzen Pyjamas, der Einheitskleidung der Roten Khmer, bewässert wurden, und auf der von Unkraut überwucherten Auffahrt des Royal Hotel le Phnom, wo Rosalynn ein Zimmer im ersten Stock bewohnt hatte, weidete eine Kuh. Die Tür war angelehnt, und an der mit Schimmel überzogenen Wand der Rezeption hingen dieselben Tourismusplakate, zerschlissen und von Regenwasser durchweicht, wie vor drei Jahren, als Rosalynn zuletzt hier logiert hatte. Sie griff nach dem Schlüssel des Zimmers Nr. 27 am Schlüsselbrett, aber der Hotelportier oder Nachtwächter, ein Kriegsinvalide, der im Hinterzimmer auf einer Bastmatte lag, schwenkte drohend einen Bambusstock und jagte sie mit Schimpfreden, von denen sie kein Wort verstand, aus dem Haus. Als Rosalynn auf die Straße trat, wartete draußen mit laufendem Motor der Mercedes, dessen Fahrer die Tür aufriß und sie unsanft auf den Rücksitz beförderte. Fünf Minuten später hielt der Wagen mit quietschenden Bremsen vor der Auffahrt zum Gästehaus, wo Baldwin und Caudwell sie wegen unerlaubter Entfernung von der Truppe mit Vorwürfen überhäuften und Rosalynn das Versprechen abnötigten, in Zukunft die Weisungen des Sicherheitspersonals zu befolgen, um den Erfolg ihrer Kambodscha-Mission nicht durch ihre Eigenmächtigkeit zu gefährden.

4

Um sechs Uhr wurde im Speisesaal das Abendessen serviert, das wie alle Mahlzeiten per Moped aus einer nahgelegenen Kantine angeliefert und in der Küche des Gästehauses aufgewärmt worden war. Das Essen war überreichlich und bestand aus mehreren Gängen europäischer und asiatischer Küche, zu denen ein weißgekleideter Kellner Bier und Rotwein, Kaffee und Tee servierte. Als Rosalynn den Speisesaal verlassen wollte, um sich im Hof die Füße zu vertreten, stellte sie fest, daß das Vorhängeschloß an der Tür des Gästehauses fest verriegelt war. Sie zog sich in ihr Zimmer zurück und duschte, während Baldwin und Caudwell lautstark an der Bar über ihre Einschätzung der kambodschanischen Revolution stritten. Rosalynn schlug ihr Notizbuch auf, um ihre Aufzeichnungen zu vervollständigen, als ein Kellner an die Tür klopfte und ihr mitteilte, im Speisesaal werde den Gästen des Demokratischen Kamputschea ein Film vorgeführt.

Um Punkt acht betrat sie zusammen mit Caudwell und Baldwin das Restaurant, in dem ein grauhaariger Herr mit Sonnenbrille sie erwartete, der einen Kopf größer als die meisten Kambodschaner war und eine maßgeschneiderte Uniform aus blauer Rohseide trug. Sein Name war Thiounn Prasith, Staatssekretär für internationale Beziehungen und Vorsitzender der Freundschaftsgesellschaft mit dem Ausland, und Rosalynn Baker erinnerte sich, ihn in Begleitung von Ieng Sary bei der Vollversammlung der Vereinten Nationen in New York gesehen zu haben, wo er offiziell als Dolmetscher fungierte. Thiounn Prasith hatte zusammen mit Pol Pot an der Pariser Sorbonne studiert und sprach akzentfrei französisch, englisch und russisch. Er reichte seinen Besuchern lächelnd die Hand und erkundigte sich, ob sie einen guten Flug gehabt hätten und im Gästehaus der Regierung komfortabel untergebracht seien. Das Demokratische Kamputschea sei ein armes Land, aber man lasse nichts unversucht, um den ausländischen Freunden den Aufenthalt so angenehm wie möglich zu machen.

Sie nahmen an einem niedrigen Rauchtisch Platz und, während der Kellner grünen Tee einschenkte, las Thiounn Prasith aus einer mitgebrachten Broschüre statistische Angaben vor, denen zufolge das kambodschanische Volk unter Führung der Roten Khmer wahre Wunder vollbracht hatte: Mit Hilfe neugebauter Bewässerungskanäle und Deiche habe man die landwirtschaftliche Anbaufläche in nur einem Jahr verdoppelt und, getreu der von der Partei ausgegebenen Devise, daß Reis zu pflanzen die ehrenvollste Arbeit sei, eine Rekordernte von zehn Millionen Tonnen eingefahren. Er bat die ausländischen Gäste, sich die Zahlen genau zu notieren und wahrheitsgemäß über das kambodschanische Wirtschaftswunder zu berichten. Leider seien die vietnamesischen Lakaien der sowjetischen Revisionisten aus Neid über die unbestreitbaren Erfolge der Roten Khmer in die Ostprovinzen des Demokratischen Kamputschea eingefallen, um das friedliche Aufbauwerk zu stören und die Bewohner der Grenzregion mit Giftgas auszurotten. Die vietnamesische Aggression sei eine flagrante Verletzung des Völkerrechts, die von der internationalen Staatengemeinschaft aufs Schärfste verdammt werden müsse, anstatt über von den Feinden des Demokratischen Kamputschea erfundene, angebliche Menschenrechtsverletzungen zu lamentieren. Nach diesen einleitenden Bemerkungen gab Thiounn Prasith dem Filmvorführer ein Zeichen, der Kellner löschte das Licht, und wie von Zauberhand züngelten flammende Buchstaben über die schwarze Wand des Speisesaals. Es handelte sich um einen englisch synchronisierten Propagandafilm mit dem Titel *Kanäle ausheben und Dämme aufschütten*, in dem Mitglieder einer *chalat* genannten, mobilen Brigade bei der Arbeit auf einem überschwemmten Reisfeld zu sehen waren. Die kaum dem Kindesalter entwachsenen Jugendlichen stapften, an Tragstöcken hängende Eimer auf den Schultern balancierend, durch zähen Schlamm und skandierten im Chor den Slogan: »Mit Wasser produzieren wir Reis, mit Reis führen wir Krieg!« Ob die Eimer Wasser oder Erde enthielten, war auf dem grobkörnigen Schwarzweißfilm ebensowenig zu erkennen wie Sinn und Zweck des Arbeitsvorgangs. Am Schluß pflügte ein von einem Knaben gelenkter Wasserbüffel Furchen in das überschwemmte Feld, während die Mitlieder des *chalat*, im Gleichschritt marschierend, mit Blick auf die am Horizont auf- oder untergehende Sonne, ein revolutionäres Lied anstimmten:

»Dank Angkar haben wir ein langes Leben vor uns,
ein Leben voller Ehre und Ruhm.
Vor der Revolution vegetierten wir
als Waisenkinder und Obdachlose
in Hunger, Elend und Armut.
Vor der Revolution lebten wir ständig in Angst,
schliefen auf dem nackten Boden
und wühlten im Abfall nach Eßbarem.
Jetzt sorgt die glorreiche Revolution für uns,
sie schützt unsere Gesundheit, kleidet und nährt uns.
Angkar gibt uns die Kraft zum kollektiven Leben.«

»Wer oder was ist Angkar«, fragte Robert Baldwin, als die Vorführung beendet war, und Michael Caudwell wollte wissen, in welcher Provinz Kambodschas der Film gedreht und wie alt die Mitglieder des *chalat* gewesen seien? »In der Nordwestzone«, sagte Thiounn Prasith, nachdem das Licht wieder angegangen war: »Es handelt sich um eine mobile Brigade aus dem Südwesten, die zum freiwilligen Arbeitseinsatz in den Nordwesten entsandt worden ist. Die Jugendlichen sind im Durchschnitt sechzehn bis zwanzig Jahre alt.« – »Im Film sehen sie erheblich jünger aus.« – »Wegen der unzureichenden Ernährung, die der Imperialismus uns aufgezwungen hat«, sagte Prasith lächelnd, »sind die meisten Kamputscheaner kleinwüchsiger als ich. Angkar ist der Name der revolutionären Partei, die diesen unmenschlichen Zustand beendet hat.«

5

Der nächste Vormittag war für die Besichtigung von Sehenswürdigkeiten reserviert. Unter der kundigen Führung von Thiounn Prasiths Assistenten Sok Sin besuchte die Delegation die Silberpagode, den Königspalast und das gegenüberliegende Nationalmuseum, das, wie Sok Sin erläuterte, bei der Befreiung der Stadt von kriminellen Elementen geplündert, inzwischen aber vom Staat restauriert worden sei, um konterrevolutionäre Lügen zu widerlegen, denen zufolge die Roten Khmer Pagoden entweiht, Mönche zum Kriegsdienst gezwungen und Kambodschas kulturelles Erbe in den Schmutz getreten hätten. »Sehen Sie selbst«, sagte Sok Sin und wies auf die in den Korridoren aufgereihten Statuen der Gottkönige des alten Angkor-Reichs, die, aufrecht stehend oder im Lotussitz, mit gefrorenem Lächeln auf die ausländischen Freunde blickten, denen der Schweiß von den Stirnen tropfte, während sie hektisch ihre Kameras betätigten und mit Blitzlichtgewittern die Ruhe der Unsterblichen störten. Rosalynn Baker, Caudwell und Baldwin waren die einzigen Besucher des Museums, das nur für sie geöffnet zu haben schien. Von den Dachbalken hingen Trauben von Fledermäusen herab, Schwalben flogen zwischen den mit Vogelkot gesprenkelten Statuen hin und her und schnappten nach Moskitos, die wie in einem tropischen Galeriewald die dämmerigen Korridore durchschwärmten. Rosalynn wollte wissen, warum in den Pagoden und auf den Straßen von Phnom Penh keine in safrangelbe Kutten gekleidete Mönche mehr zu sehen seien, aber statt einer Antwort hielt Sok Sin eine Brandrede gegen den französischen Kolonialismus, der das Volk der Khmer seiner wertvollsten Kulturgüter beraubt und das fruchtbare Mekong-Delta dem Erbfeind Vietnam zugeschanzt habe. Den US-Imperialismus erwähnte er mit keinem Wort, um die Gefühle seiner amerikanischen Gäste nicht zu verletzen, oder, wie Baldwin mutmaßte, um Washington im Konflikt mit Vietnam auf die Seite Kambodschas zu ziehen; die Roten Khmer schienen den Einfluß westlicher Journalisten auf die Regierungen ihrer Heimatländer gewaltig zu überschätzen. Auf Wunsch von Rosalynn verließ der Mercedes auf der Rückfahrt zum Gästehaus den Boulevard und bog hinter der Ruine der nach der Befreiung gesprengten Staatsbank in eine Seitenstraße ein. Hier bestätigte sich ihr schon lange gehegter Verdacht, daß nur die Hauptstraßen für den Empfang ausländischer Gäste hergerichtet worden waren. Tropischer Sekundärwald nahm die von ihren Einwohnern verlassene Stadt in Besitz. Die Häuser versanken in einem Meer von Unkraut, das auch die Fahrbahn überwucherte; Schlingpflanzen rankten sich über von Schimmelschlieren geschwärzte Mauern zu den Dachfirsten hinauf. Nur in der früheren französischen Botschaft auf dem Monivong-Boulevard brannte trübes Licht; nach dem Exodus der Diplomaten war hier eine Brigade von Frauen eingezogen, die, tief über ihre Nähmaschinen gebeugt, Parteiuniformen schneiderten; zum Trocknen aufgehängte schwarze Pyjamas bauschten sich wie Trauerfahnen im Wind.

6

Im Vestibül des Gästehauses ging Thiounn Prasith nervös auf und ab. Er sagte, er habe Rosalynn eine Eskorte entgegengeschickt, die sie jedoch nicht angetroffen habe, da ihr Wagen entgegen der ausdrücklichen Weisung den Boulevard verlassen und durch dunkle Nebenstraßen gefahren sei, in denen aus Vietnam eingeschleuste Attentäter lauerten, um das Demokratische Kamputschea durch die Ermordung ausländischer Besucher zu diskreditieren; der Chauffeur werde für seine Disziplinlosigkeit bestraft. Rosalynns Bemerkung, er habe den Umweg auf ihren Wunsch hin eingeschlagen, überging Prasith mit der wie ein Befehl klingenden Anordnung, die Mitglieder der Delegation sollten sich in zehn Minuten abfahrbereit im Vestibül einfinden: Außenminister Ieng Sary habe sie zum Dîner eingeladen, um ihre Fragen zu beantworten und den weiteren Ablauf der Reise mit ihnen zu erörtern.

»Willkommen in Phnom Penh«, sagte Ieng Sary und schritt mit ausgebreiteten Armen auf die Staatsgäste zu, die er in Begleitung seiner Frau Ieng Thirith im Gebäude der Freundschaftsgesellschaft mit dem Ausland erwartete. Er war einen Kopf kleiner als Thiounn Prasith, aber er trug die gleiche, maßgeschneiderte Uniform aus dunkelblauer Rohseide wie der Staatssekretär. »Ich selbst trinke nur Wasser«, fuhr er fort, nachdem sie an einem festlich gedeckten Tisch Platz genommen hatten, dessen Tafelsilber, wie Rosalynn anhand des Staatswappens erkannte, aus der französischen Botschaft stammte, »aber unseren ausländischen Freunden wird Champagner gereicht. Wie gefällt es Ihnen im Demokratischen Kamputschea? Ich hoffe, Sie haben sich inzwischen ein wenig bei uns eingelebt und Ihre Vorurteile revidiert. Trinken wir auf die Gesundheit unserer Gäste und auf das Wohlergehen unserer heroischen Nation. Lang lebe die Freundschaft mit den Völkern Großbritanniens und der USA!«

Alle hoben die mit Mineralwasser oder Champagner gefüllten Gläser und stießen auf den Sieg der kambodschanischen Revolution und die Zukunft der Menschheit an. Ein Kellner servierte das Essen, das, anders als im Gästehaus der Regierung, aus einheimischen Spezialitäten bestand. Es gab in Kokosmilch gedünsteten Fisch, mit Ingwer gebratene Ente und Krebssuppe mit Zitronengras, die, wie in Südostasien üblich, zum Nachtisch gereicht wurde. Während des Essens, das nicht mit Stäbchen, sondern mit Löffeln verzehrt wurde, sagte Ieng Thirith in gebrochenem Englisch, die Revolution habe die Hausfrauen von der lästigen Arbeit der Kindererziehung, des Waschens und Kochens befreit; alle Mahlzeiten würden in Kantinen zubereitet und gemeinschaftlich eingenommen. Rosalynns Frage, ob dadurch nicht die Familien auseinandergerissen würden, beantwortete sie ausweichend.

Nach dem Essen wurde den ausländischen Gästen Kaffee und Cognac serviert; Ieng Sary und seine Frau tranken Ingwertee. Robert Baldwin zog eine Liste aus seiner Jackentasche mit den Namen in den USA lebender Kambodschaner, die nach dem Sieg der Roten Khmer freiwillig nach Phnom Penh zurückgekehrt und seitdem spurlos verschwunden waren, und reichte sie Ieng Sary mit der Bitte um Nachforschung über ihren Verbleib.

»Eigentlich darf ich die Liste nicht annehmen«, sagte der Außenminister, »denn weder die Zusammenführung von Familien, noch die Bestrafung von Konterrevolutionären gehören zu meinem Ressort. Aber schon ein flüchtiger Überblick genügt, um festzustellen, daß alle diese Leute bei bester Gesundheit sind. Einige von ihnen habe ich noch vor wenigen Tagen gesehen. Es erstaunt mich etwas«, fügte er in gekränktem Unterton hinzu, »daß Ihnen das Schicksal von Feinden und Verrätern mehr am Herzen liegt als das Wohlergehen der Mehrheit unseres Volkes, das heute besser und freier lebt als unter dem vom Imperialismus manipulierten Marionettenregime.«

»Es geht nicht um eine Minderheit«, warf Baldwin ein, »sondern um Millionen Kambodschaner, die aus Großstädten in entlegene Provinzen umgesiedelt worden sind. Außerdem möchte ich wissen, was aus Ok Sakun, Hou Yuon, Hu Nim und anderen in Ungnade gefallenenen, hohen Parteifunktionären geworden ist?«

»Haben Sie noch ein wenig Geduld,« sagte Ieng Sary lächelnd, während er seine Gäste zur Tür geleitete, »und Ihre Fragen werden erschöpfend beantwortet.«

7

Nach der Rückkehr ins Gästehaus zog sich Rosalynn in ihr Zimmer zurück, aber sie konnte nicht einschlafen, denn durch die dünne Wand hörte sie Gelächter und Gläserklingen von der Bar, an der Baldwin und Caudwell auf Bambushockern saßen und sich, von Cognac und Champagner beschwipst, einen letzten Drink genehmigten. »Ich habe bis jetzt geschwiegen«, sagte Caudwell, »aber ich lasse mir keinen Maulkorb umhängen.« – »Ganz recht«, stimmte Baldwin ihm zu. »Die Art und Weise, wie Ieng Sary meine Fragen abgebügelt hat, war wirklich unerhört.« – »Ganz im Gegenteil«, rief Caudwell und schlug mit der flachen Hand auf die Theke. »Ich bewundere die Höflichkeit und Geduld unserer kambodschanischen Gastgeber. Nach allem, was der US-Imperialismus diesem kleinen Land angetan hat, legen sie eine geradezu übermenschliche Selbstbeherrschung an den Tag. Zuerst habt ihr friedliche Dörfer mit Napalm bombardiert, und in dem Moment, wo das Khmer-Volk sein Schicksal selbst in die Hand nimmt, predigt ihr Menschenrechte und bürgerliche Demokratie und vergießt Krokodilstränen für Konterrevolutionäre, die vermutlich zu Recht bestraft worden sind!«

»Sie vergessen, daß ich weder Stabschef des Pentagon, noch Präsident der Vereinigten Staaten bin, und daß bei der Zwangsevakuierung von Phnom Penh Zehntausende unschuldiger Zivilisten ums Leben gekommen sind!«

»Niemand ist unschuldig«, murmelte Caudwell und schenkte sich Whisky nach. Er blickte auf den Grund seines Glases, als sei dort die Widerlegung von Baldwins Einwänden zu finden. »Ich will nicht bestreiten, daß es bei der Evakuierung Phnom Penhs zu Übergriffen, vielleicht sogar zu Todesfällen gekommen ist. Aber die Umsiedlung der Stadtbevölkerung aufs Land war eine notwendige Maßnahme, deren tiefe Weisheit erst künftige Generationen voll und ganz ermessen werden. Vielleicht«, fügte er nach einer Denkpause hinzu, »müssen auch wir die Bewohner von Edinburgh und London eines Tages aufs Land evakuieren, weil sich nur so eine ökologische Katastrophe vermeiden läßt!«

Gläser klirrten, Türen fielen ins Schloß, und das Gespräch erstarb. Aus dem Garten war das Zirpen von Grillen zu hören, während Rosalynn aufstand, um einen Schluck Wasser zu trinken. Sie betrachtete ihren nackten Körper im Badezimmerspiegel. »Trau keinem über dreißig« – an diesen Slogan von 1968 hatte sie schon damals nicht geglaubt, als sie auf dem Campus von Berkeley einem weißhaarigen Guru namens Marcuse zu Füßen saß, und beim Verbrennen der amerikanischen Flagge hatte sie ein vages Unbehagen verspürt. Aber seit ihrem dreißigsten Geburtstag schien es ihr, als habe sie eine unsichtbare Grenze überschritten und als habe das gefürchtete *coming of age* eine wie ein Fragezeichen geformte Falte in ihre Stirn gegraben: Wer mit dreißig keinen Baum gepflanzt, kein Kind geboren und kein Buch geschrieben hatte, der hatte sein Leben falsch gelebt. Das hatte ein Dichter gesagt, dessen Name ihr entfallen war: Pablo Neruda vielleicht oder Bertolt Brecht? Und sie, Rosalynn, hatte nichts von alledem geschafft. Statt dessen hatte sie sich als Expertin für schmutzige Kriege in schmutzigen, kleinen Ländern einen Namen gemacht – schon das Adjektiv *klein* enthielt eine Anklage gegen die Supermacht USA. Und obwohl sie politisch stets auf der richtigen Seite stand, war in ihren hochgelobten Reportagen mit keinem Wort von dem die Rede, was sie zur Parteinahme für die Opfer dieses Krieges trieb, zu einer Anteilnahme, die nicht frei von Selbstlosigkeit war: Weder der in den Wipfeln der Palmen wühlende Wind kam in ihren Texten vor, noch die glänzend schwarzen Haare der Kambodschaner, ihr vom Betelnußkauen blaugefärbtes Zahnfleisch und ihre olivgrüne Haut, von der eine erotische Faszination ausging, die sie sich nur widerwillig eingestand. Vielleicht, dachte Rosalynn, war ihre puritanische Erziehung daran schuld, daß sie dieser Faszination nie nachgegeben, jede Spur dessen, was sie für die Menschen hier empfand, aus ihren Artikeln getilgt und lieber über Napalmbomben, brennende Dörfer und Flüchtlingstrecks geschrieben hatte – da kannte sie sich aus. Persönliche Erlebnisse und subjektive Empfindungen hatten in einer seriösen Zeitung nichts zu suchen, eine Dichterin wie Emily Dickinson durfte sich so etwas erlauben, eine Reporterin nicht, obwohl der Ressortchef sie mehr als einmal aufgefordert hatte, die tragikomischen Begebenheiten aufzuschreiben, von denen sie ihm beim Lunch in der Cafeteria oder nach Feierabend in Harry's Bar berichtete. Wer weiß, vielleicht hatte der Alte, dessen spiegelblanke Glatze sie an Baldwins kahlen Schädel erinnerte, doch recht, vielleicht würde aus ihren Erlebnissen eines Tages doch noch ein Buch? Und – das dritte *und* – vielleicht war es ihre konservatives Elternhaus, das sie daran gehindert hatte, den vom CIA angezettelten schmutzigen Krieg so entschieden zu verurteilen wie Caudwell dies tat, dessen Radikalität sie insgeheim bewunderte, anstatt wie Baldwin alles zu zerreden mit zwar und aber bis zum Geht-nicht-mehr.

Rosalynn stand nackt vor dem Spiegel und betrachtete ihren dreißig Jahre alten Körper, der noch kein Fettpolster angesetzt hatte. Eher war sie zu mager; unterhalb der Brüste, auf denen die Blicke des Dolmetschers und des Chauffeurs viel zu lange ruhten – sogar den alten Baldwin hatte sie bei einem verbotenen Blick ertappt, nur Caudwell blieb standhaft, wie es sich für einen asketischen Revolutionär gehört – zeichnete sich die Kontur der Rippe ab, aus der Jehova das Weib erschaffen hatte. Die schmallippige Öffnung weiter unten aber, das wichtigste Unterscheidungsmerkmal zwischen Mann und Frau, hatte viel zu selten die Gewalt verspürt, die zur lustvollen Empfängnis wie zur schmerzhaften Geburt gehört, dachte Rosalynn, während sie mit den Fingerspitzen ihr Schamhaar liebkoste.

8

Am nächsten Morgen wurden sie in aller Frühe geweckt und fuhren noch vor Sonnenaufgang zu einer Anlegestelle am Ufer des Tonle Sap, von der aus früher, in einer kaum noch vorstellbaren Vorkriegszeit, Ausflugsdampfer zum Besuch der Tempel von Angkor Wat ins 250 Kilometer entfernte Siem Reap gestartet waren. Rosalynn, Baldwin und Caudwell waren die einzigen Fahrgäste auf dem mit Plastiksesseln möblierten Schiff, in dessen Kombüse ein weißgekleideter Steward ihnen Tee servierte, während Thiounn Prasith im Gespräch mit dem Kapitän rauchend an der Kaimauer stand. Zwei Leibwächter und ein weiterer Passagier kamen an Bord, der Bootsmotor wurde angelassen, die Leine losgemacht, und als Rosalynn den geblümten Vorhang zur Seite schob, blickte sie durchs Bullauge auf den im Morgennebel dampfenden Fluß, über dessen östlichem Ufer die Sonne aufging. Treibholz und Wasserpflanzen glitten vorüber, die sich zu Teppichen und schwimmenden Inseln verdichteten, zwei nackte Jungen planschten um einen Bootssteg herum, ein mit Säcken beladener Kahn fuhr vorbei, dessen schwankende Ladung ein Soldat mit geschulterter MP bewachte, zwei bellende Hunde rannten die Böschung entlang, und die Ölraffinerie am Ufer wurde von Bananenpflanzungen und später von Reisfeldern abgelöst, über die von Kindern gelenkte Wasserbüffel stapften, gefolgt von hochbeinigen Vögeln, die in der frisch umgepflügten Erde nach Nahrung stocherten.

Nach einstündiger Fahrt ging das Schiff vor Anker in Sichtweite eines Fischerdorfs, einer Fischereikooperative besser gesagt, die passend zur Tageszeit *Roter Morgen* hieß. »Es handelt sich um ein Musterkollektiv«, sagte Thiounn Prasith, während sie über einen Laufsteg an Land gingen, und zeigte auf zwischen den Hütten aufgespannte Netze, unter denen Gänse und Enten herumwatschelten, von denen eine Rosalynns Jeans anknabberte; bis auf einen kleinen Jungen mit Rotznase und aufgetriebenem Bauch waren keine Dorfbewohner zu sehen. »Die Menschen hier hatten es satt, von feudalen Großgrundbesitzern und kapitalistischen Ausbeutern abhängig zu sein. Unter Leitung der Partei haben sie sich zu einer Produktionsbrigade zusammengeschlossen, die das Land gemeinsam bewirtschaftet und die Fischereierträge gerecht verteilt. Nicht nur ihr materielles, auch ihr kulturelles Niveau hat sich dadurch bedeutend erhöht, denn zusammen mit den überkommenen Privilegien hat Angkar auch den Unterschied zwischen Kopf- und Handarbeit abgeschafft.« – »Und wo sind die Dorfbewohner jetzt?« Es war Baldwin, der diese Frage stellte. »Ich weiß nicht. Vermutlich bei der Feldarbeit oder beim Fischen auf dem Fluß. Nach der Regenzeit haben die Leute hier alle Hände voll zu tun. Aber sie haben eine schmackhafte Suppe für uns gekocht.« Thiounn Prasith führte seine Gäste in eine als Versammlungsraum dienende Hütte, in der eine zahnlose Greisin unter einem Transparent mit der Aufschrift REIS UND FISCH SIND WAFFEN IM ANTIIMPERIALISTISCHEN KAMPF einen Suppenkessel bewachte, von dem sie mit einem Palmwedel Fliegen verscheuchte. Die Alte schien taub oder geistesgestört zu sein, denn anstatt die an sie gerichteten Fragen zu beantworten, lächelte sie stumpfsinnig vor sich hin und teilte mit einer Bambuskelle Suppe aus, von der ein aromatischer Duft nach Zitronengras und Knoblauch aufstieg.

Nachdem die Besucher sich gestärkt hatten – die Fischsuppe war vorzüglich, und alle außer Thiounn Prasith sprachen ihr mehrmals zu – richtete dieser das Wort an Robert Baldwin. »Ich habe versäumt, Ihnen unseren Reisegefährten vorzustellen, und bitte um Vergebung dafür. Sie haben mich kürzlich nach dem Schicksal von Ok Sakun gefragt. Eigentlich weilt er seit langem nicht mehr unter den Lebenden, denn die Pariser Presse hat schon vor Monaten seinen Tod gemeldet. Betrachten Sie Ok Sakun also als Gespenst – hier ist er!«

Thiounn Prasith zeigte auf einen hohläugigen Mann, der sich schwer atmend von seiner Bastmatte erhob. Rosalynn hatte ihn für einen Dolmetscher gehalten – für einen Leibwächter war er zu alt und zu schwach –, und ihre Annahme lag nicht allzuweit von der Wahrheit entfernt. Ok Sakun war Kambodschas führender Spezialist für französische Literatur, ein enger Vertrauter von König Sihanuk; angeblich hatte sein früherer Freund Saloth Sar alias Pol Pot, mit dem zusammen er an der Sorbonne studiert hatte, ihn als Verräter hinrichten lassen. Auf dem Rückweg zum Schiff sprach Rosalynn ihn auf französisch an; sie wollte wissen, wie Ok Sakun die Machtergreifung der Roten Khmer erlebt und überlebt habe, aber dieser tat so, als verstehe er sie nicht, und murmelte etwas von der Schönheit der Natur. Er deutete auf einen Teich, in dem Lotusblumen blühten, und sagte, Angkar habe ihm den rechten Weg gewiesen; in der alten

Gesellschaft hätten die Intellektuellen vom Volk getrennt gelebt, jetzt aber seien sie mit den Massen vereint.

Als sie zwei Stunden später in den Mercedes stieg, der sie an der Anlegestelle erwartete, sah Rosalynn im Rückspiegel, wie Ok Sakun von Soldaten zu einem an der Kaimauer parkenden Militärlastwagen eskortiert wurde, zu seiner eigenen Sicherheit, wie es hieß. Thiounn Prasith behauptete, vietnamesische Agenten hätten das Hafenviertel infiltriert, um durch Mordanschläge und Bombenattentate einen Keil zwischen die Führung der Roten Khmer und das Volk zu treiben, was durchaus plausibel schien – nur Ok Sakuns hinter dem Rücken gefesselte Arme paßten nicht ins Bild, wie Baldwin kritisch anmerkte. Caudwell meinte, er sehe Gespenster, aber Baldwin ließ sich nicht abwimmeln und wollte wissen, wo Ok Sakun untergebracht sei, ob er schwere körperliche Arbeit verrichten müsse, und ob es möglich sei, ihn an seinem Arbeitsplatz zu besuchen. »Das ist leider nicht möglich«, sagte Thiounn Prasith: »Ok Sakun befindet sich in Tuol Sleng, einer ehemaligen Oberschule, die noch nicht für Besuche ausländischer Delegationen hergerichtet ist. Haben Sie ein wenig Geduld – heute nachmittag besichtigen wir ein Lehrerbildungsinstitut.« – »Sehen Sie«, rief Michael Caudwell triumphierend, »Ok Sakun arbeitet in seinem angestammten Beruf als Lehrer und nicht als Kettensträfling im Straßenbau. Hab ich recht?« – »Ja und nein«, sagte Thiounn Prasith, dem jetzt eine leichte Verlegenheit anzumerken war. »Ok Sakun unterrichtet nicht selbst, er wird unterrichtet. Tuol Sleng ist ein Umerziehungszentrum für Intellektuelle, die sich von den Volksmassen entfernt haben. Aber keine Sorge – es geht ihm gut.«

Rosalynn schwieg. Sie hatte keine Lust, sich am Streit der Männer zu beteiligen, denn sie haßte Prinzipienreiterei, und Baldwins grundsätzliche Infragestellung von allem und jedem erschien ihr genauso lächerlich wie Caudwells pauschale Rechtfertigung des Regimes. Aber auch Thiounn Prasiths

Erklärungen überzeugten sie nicht, im Gegenteil, sie nährten den vagen Verdacht, daß irgendetwas nicht stimmte – ohne daß sie gewußt hätte, was. Rosalynn fühlte sich wie der blinde Bettler in Buddhas Gleichnis vom Elefanten, der je nachdem, ob er Rüssel oder Schwanz, Bein oder Ohr des Dickhäuters zu fassen kriegt, diesen als Schlauch oder Strick, Säule oder Lappen beschreibt, weil der ganze Elefant seine Vorstellungskraft übersteigt.

Erst später am Nachmittag platzte ihr der Kragen, als Thiounn Prasith ihnen beim Besuch des Lehrerbildungsinstituts einen jungen Kader als Direktor vorstellte, während er dessen Vorgesetzten, seinen eigenen Bruder Mumm Prasith, mit Absicht übersah, obwohl die Familienähnlichkeit unverkennbar war. Der Nachwuchskader, der wie alle Rote Khmer-Soldaten eine schwarze Pyjama-Uniform, selbstgemachte Gummisandalen und eine Ballonmütze trug, erzählte gerade, die kambodschanische Kultur sei 8.800 Jahre alt und habe aus eigener Kraft nicht nur die amerikanischen, sondern auch die von der Sowjetunion unterstützten vietnamesischen Imperialisten besiegt, als Rosalynn ihn abrupt unterbrach. »Warum spielen Sie uns eine Komödie vor«, sagte sie, zu Mumm Prasith gewandt. »Ich kenne Sie und Ihren Bruder seit langem und weiß, daß Sie an der École Polytechnique in Paris studiert haben und Mitglied des Zentralkomitees sind. Auf der letzten Parteikonferenz im September standen Sie hinter Pol Pot auf der Tribüne – ich erinnere mich genau, denn ich habe Sie und Ihren Bruder auf einem Foto identifiziert. Nicht der junge Mann hier – *Sie* sind der Direktor der Hochschule! Nicht einmal die zu unserem Empfang abkommandierten Studenten sind echt, denn wir haben sie vorgestern, als Reisbauern verkleidet, in einem Propagandafilm gesehen, der angeblich in der Nordwestzone gedreht worden ist.« – »Was Sie sagen, trifft zu, Madame«, sagte Mumm Prasith auf französisch, »und doch irren Sie sich. Um beim Unwichtigsten anzufangen, nämlich bei mir selbst: Ja, ich habe in Paris Elektrotechnik studiert, aber das Entscheidende habe ich im Dschungel von Kambodscha und nicht an der Sorbonne gelernt. Der Partisanenkrieg war meine Universität, und weil gute Schüler ihren Lehrer überflüssig machen, habe ich mich von allen administrativen Funktionen zurückgezogen. Es stimmt, daß Studenten in dem von Ihnen erwähnten Film zu sehen sind, aber das Ganze ist keine Propagandalüge, sondern Realität, denn unsere Studenten arbeiten sechs Monate an der Universität, sechs Monate in der Fabrik und anschließend sechs Monate in der Landwirtschaft, weil nur so der Unterschied zwischen Stadt und Dorf beseitigt werden kann!«

Der junge Kader wand den ausländischen Gästen Blumenkränze um den Hals, und die in Viererreihen aufmarschierten Studenten sangen ein revolutionäres Lied, in dem von den Erfolgen des Demokratischen Kamputschea und der Abwehr der vietnamesischen Aggression die Rede war. »Ich hätte nicht gedacht«, flüsterte Caudwell ihr zu, während sie sich auf der Treppe des Lehrerbildungsinstituts zu einem Gruppenfoto formierten, »daß Sie sich an der Hetzkampagne gegen das kambodschanische Volk beteiligen würden. Aber Mumm Prasith hat Ihnen eine gebührende Abfuhr erteilt.« – »Warten Sie ab, Michael, auch Sie werden eines Tages eine böse Überraschung erleben!« Rosalynn wußte nicht, wie schnell sich ihre Prophezeiung bewahrheiten würde.

9

Am nächsten Morgen brachen sie zur Besichtigung der Front ins östliche Grenzgebiet auf, wo die vietnamesische Armee nach eigenen Angaben größere Geländegewinne erzielt hatte. Beim Frühstück hörten sie im englischsprachigen Programm von Radio Phnom Penh, das, wie Baldwin mutmaßte, eigens für ihren Besuch eingerichtet worden war, Pol Pot habe die Kader der Roten Khmer aufgefordert, sich in den Dschungel im Landesinneren zurückzuziehen, um von dort aus den Invasoren eine vernichtende Niederlage zu bereiten. Gegen den Rat von Thiounn Prasith, der diese Vorsichtsmaßnahme für überflüssig hielt, nahm Rosalynn ihr Gepäck auf die Reise mit, um für jede Eventualität gewappnet zu sein. Baldwin schloß sich ihr an; nur Caudwell ließ seinen Koffer im Gästehaus der Regierung zurück, weil er einen vietnamesischen Einmarsch für unwahrscheinlich hielt. Wie ernst ihre Gastgeber die Lage einschätzten, ließ sich an der Zahl der Fahrzeuge ablesen: Die Mercedes-Limousine wurde von drei Jeeps mit schwerbewaffneten Soldaten eskortiert; zwei Peugeot-Kombis mit als Ministerialbeamten getarnten Leibwächtern folgten, und ein mit Lebensmitteln, Getränken und Gepäck beladener Militärlastwagen komplettierte den Konvoi.

Der Himmel war wolkenlos, von leuchtendem Blau, und die Kokosplantagen und Reisfelder links und rechts der Straße blitzten frisch gewaschen im Sonnenlicht, aber anders als vor fünf Jahren, als Rosalynn dieselbe Strecke entlanggefahren war, wirkte die Landschaft jetzt menschenleer. Damals, 1973, war das Taxi an endlosen Kolonnen von Soldaten vorbeigefahren, die auf Fahrrädern oder zu Fuß der Front entgegenzogen oder geschlagen und demoralisiert von dort zurückfluteten. Kurz vor Kompong Cham war ein Hagel von Artilleriegranaten auf die Straße niedergegangen, und unter heftigem Beschuß wurde Rosalynn zusammen mit dem sie begleitenden Fotografen von einem Helikopter der US-Army evakuiert. Sie hatte Glück gehabt, denn dies war ihre erste Konfrontation mit dem Krieg, der den in den Bars von Phnom Penh versammelten Journalisten wie ein Wetterleuchten am fernen Horizont erschien und mehr Stoff für Witzeleien als für seriöse Berichterstattung bot: Die in Kambodscha kämpfenden Armeen hießen FANK und FUNK – niemand nahm ihre in Drogenhandel und

Korruption verwickelten Generäle ernst – und Lon Nols Regierungssprecher hieß genauso wie die Falschmeldungen, die er verbreitete: *Am Wrong.*

Jetzt aber lastete die gleiche drohende Stille über dem Land wie in den Häuserschluchten von Phnom Penh, eine Stille, die das allgegenwärtige Zirpen der Grillen eher verstärkte als unterbrach. Weder Autos noch Lastwagen, Radfahrer oder Fußgänger waren auf der mit Artillerieeinschlägen übersäten Straße unterwegs, und auf den frisch bestellten Feldern war kein von Möwen umflatterter Wasserbüffel in Sicht. Für all das hatte Thiounn Prasith die übliche Erklärung parat: Alle wehrfähigen Männer seien an der Front zur Abwehr der vietnamesischen Invasion, die Frauen arbeiteten in der Produktion und die Kinder gingen zur Schule im sicheren Hinterland. Daß es den Roten Khmer erst nach verlustreichen Kämpfen gelungen war, den vietnamesischen Vormarsch zu stoppen, verschwieg er ebenso wie die Tatsache, daß Pol Pot die militärischen Rückschläge auf Sabotage zurückführte und nicht nur leitende Kader exekutieren, sondern auch die Zivilbevölkerung von angeblichen Verrätern säubern ließ; viele Bewohner der Ostprovinz hatten sich durch Flucht nach Vietnam der drohenden Verhaftung entzogen.

Der Fahrzeugkonvoi tauchte in den Schatten einer Kautschukplantage ein und hielt vor einem verlassenen Gutshof, der schon der Armee von Lon Nol als Stützpunkt gedient hatte; die Fassade des ehemaligen Herrenhauses war von Einschüssen gekerbt, und auf der im ersten Stock umlaufenden Galerie hatten Soldaten mit Netzen getarnte MGs in Stellung gebracht. Thiounn Prasith schlug vor, eine nahgelegene Zementfabrik, ein Institut für traditionelle Medizin und eine Schiffsbaukooperative zu besichtigen, aber nach der achtstündigen Autofahrt waren alle rechtschaffen müde, und nach dem Essen, das aus mitgebrachten Biskuits, Dosenfleisch und Mineralwasser bestand, zogen sie sich in ihre

Zimmer zurück. Caudwell sah blaß und mitgenommen aus, klagte über Kopfschmerzen und protestierte nur schwach gegen Baldwins Bemerkung, vermutlich sei die traditionelle Medizin ein fauler Zauber zur Abwehr ausländischer Teufel, zu denen nicht nur westliche Langnasen, sondern auch schlitzäugige Vietnamesen zählten. Thiounn Prasith verteilte Handtücher, Seife und Taschenlampen und wünschte allen eine gute Nacht. Rosalynns Schlafraum wurde mit Insektenspray desinfiziert, und nachdem sie sich in einer Waschschüssel gewaschen hatte, löschte sie das Licht und kroch unter das von ihrem Leibwächter aufgespannte Moskitonetz.

Rosalynn konnte nicht einschlafen. Sie hörte die regelmäßigen Atemzüge des Postens, der vor der verschlossenen Tür Wache hielt, das Knacken der von Termiten zerfressenen Balken und das Knistern der Dielen, auf denen Kakerlaken im Dunkeln hin und herhuschten, und dachte an den Unterschied zwischen dem Demokratischen Kamputschea von heute und dem Land, das sie während des Krieges kennen und lieben gelernt hatte. Damals trugen die Bäuerinnen bis zum Boden herabhängende, farbenprächtige Sarongs und bewegten sich, trotz der Lasten auf ihren Köpfen, leichtfüßig wie Gazellen; die Männer kauten Betel und die Kinder Zuckerrohr, das für Spottpreise an jeder Straßenecke feilgeboten wurde. Über all dem wölbte sich ein türkisfarbener Himmel, warmer Wind raschelte in den Palmwipfeln und im fetten Laub der Mango- und Avokadobäume, und die Dämmerung überzog den Horizont mit flüssigem Gold wie die Kuppeln der Klöster und Pagoden, deren Mönche die Gläubigen mit Gongs zur Morgen- und Abendandacht riefen. Von dieser Schönheit, so schien es ihr, war wenig oder gar nichts übrig geblieben. Kein Zweifel, dies waren dieselben Häuser und Straßen, die gleichen Menschen und dasselbe Land, aber im Gegensatz zu Kambodscha vor 1975 war das Demokratische Kamputschea ein Schattenreich, ein Hades, in dem sich in schwarze Pyjamas gekleidete Menschen ohne Hoffnung dahinschleppten, bereit, sich auf den Killing Fields des Regimes widerstandslos totschlagen zu lassen.

Rosalynn schlief schlecht. Sie träumte, ein Mordkommando aus Nordkorea habe das Gelände der Kautschukplantage eingekreist, um mit Messern und Äxten über die schlafenden Journalisten herzufallen, die wegen ihrer bürgerlichen Herkunft ihr Leben verwirkt hätten; die Wachposten hätten sich schlafend gestellt und das mit Billigung, vielleicht sogar im Auftrag Pol Pots entsandte Kommando ungehindert passieren lassen. »Warum gerade ich?« schrie Rosalynn beim Anblick der Schneide des Beils, an der Haare und Blut klebten. »Weil du verdächtig und damit schuldig bist, ein Feind des kambodschanischen Volkes zu sein«, sagte der Angreifer, der wie Caudwell mit britischem Akzent englisch sprach, und ließ die gezückte Axt auf sie niedersausen. Als Rosalynn die Augen aufschlug, stand Michael Caudwell im Pyjama neben dem Bett und leuchtete ihr mit einer Taschenlampe ins Gesicht; Robert Baldwin schaute ihm über die Schulter und wollte wissen, ob alles in Ordnung sei. Auf ihr Stöhnen und Schreien hin hatte der wachhabende Posten ihre Reisegefährten geweckt, und sie hatten gemeinsam die Tür aufgebrochen, um nach dem Rechten zu sehen. Diesmal waren Baldwin und Caudwell einer Meinung; sie murmelten etwas über typisch weibliche Hysterie und zogen sich kichernd in ihre Zimmer zurück.

10

Im Morgengrauen brachen sie auf zur zwanzig Kilometer entfernten Front. Über den Reisfeldern lag milchiger Dunst, und die aufgehende Sonne beleuchtete die Wipfel der Palmen und die spiralförmige Spitze einer Pagode, die wie eine Nadel das Nebelmeer durchstach. Am östlichen Horizont stiegen weiße Quellwolken auf, deren Ursprung sich im Näherkommen als menschengemacht erwies; das Donnern vietnamesischer und kambodschanischer Geschütze war zu hören, die sich über einen Nebenfluß des Mekong hinweg Artillerieduelle lieferten. Der Fahrzeugkonvoi hielt in einem Dorf namens Krek, das aus einem rostigen Ziehbrunnen und einer Ansammlung baufälliger Schuppen bestand. Die Besatzungen der Jeeps schwärmten aus und durchkämmten mit Maschinenpistolen im Anschlag die umliegenden Straßen, auf denen wie stets keine Menschenseele zu sehen war. Um die Sicherheit seiner Passagiere nicht zu gefährden, ging Thiounn Prasith kein Risiko ein. Erst als der Kommandeur der Begleitmannschaft ihm berichtete, alles sei ruhig, durften Rosalynn, Baldwin und Caudwell den Mercedes verlassen und sich in der verlassenen Ortschaft die Füße vertreten. Sie stellten sich zu einem Erinnerungsfoto auf neben dem Ortsschild von Krek, dessen Eroberung durch vietnamesische Truppen, wie Caudwell kritisch konstatierte, seit Wochen als Falschmeldung durch die Presse geisterte. Unterdessen hatte Baldwin sich von der Gruppe entfernt und in einer Seitenstraße ein Panzerwrack entdeckt, das amerikanischer Herkunft zu sein schien. Nach Angaben von Thiounn Prasith handelte es sich um einen Sherman-Panzer, den die nordvietnamesische Armee bei der Einnahme von Saigon erbeutet hatte und der beim Vorstoß auf kambodschanisches Gebiet auf eine von Roten Khmer gelegte Mine gefahren war. Baldwin bat Rosalynn, ein Foto von ihm zu schießen, während er wie ein Großwildjäger neben dem ausgebrannten Panzer posierte, aber Thiounn signalisierte ihr, daß Fotografieren verboten sei, weil das Wrack, wie alle militärischen Objekte, der Geheimhaltung unterlag. »Dieser Panzer ist ein Beweis für die Doppelzüngigkeit Vietnams«, fuhr er fort, »das sich nicht wie Kambodscha auf die Kraft der Volksmassen, sondern auf seine technische Überlegenheit verläßt. Im Indochinakrieg trotzte der Vietcong mit unserer Hilfe den Luftangriffen der USA, und heute kämpft er mit denselben menschenverachtenden Methoden gegen uns. Aber mit ihren Panzern und Flugzeugen schaufeln sich die vietnamesischen Imperialisten ihr eigenes Grab.« – »Glauben Sie wirklich«, sagte Baldwin, ohne seine Skepsis zu verhehlen, »der Einsatz moderner Waffen sei nicht nur moralisch verwerflich, sondern auch militärisch ineffektiv?« – »Ganz recht, denn im Schutz des Bombenhagels führen wir unsere Truppen an den Feind heran und versetzen ihm den Todesstoß wie einst dem Operettenregime des Diktators Lon Nol.«

Der Aufenthalt in Krek hatte eine knappe Stunde gedauert, und es war noch früh am Tag, als der Konvoi in Kompong Cham eintraf. Die Straßen waren menschenleer, aber vor dem örtlichen Parteibüro war ein Chor von Kindersoldaten aufmarschiert und sang eine martialische Hymne, deren von Thiounn Prasith übersetzter Text Rosalynn trotz der tropischen Hitze frösteln ließ:

»Rotes Blut Kamputscheas
wallt durch Berge und Täler
unseres geliebten Heimatlands.
Rotes Blut der Arbeiter und Bauern,
rotes Blut der Verteidiger
unseres heldenhaften Vaterlands.
Rotes Blut, das sich in Haß verwandelt
und in unerbittlichen Kampf
unter dem roten Banner der Revolution!
Lang lebe der 17. April,
Tag des ruhmreichen Siegs,
ruhmreicher als das alte Reich von Angkor!
Lang lebe das neue, Demokratische Kamputschea.
hoch die rote Fahne der Revolution!
Mit vereinten Kräften bauen wir das Vaterland auf
und stürmen mit Riesenschritten voran,
damit die rote Sonne von Kamputschea
heller strahlt als je zuvor!«

Der Bezirkskommandant, ein Parteiveteran namens Pin, erläuterte, vor einer Generalstabskarte stehend, mit dem Zeigestock den Frontverlauf und forderte die ausländischen Besucher auf, freimütig Fragen zu stellen. Als Rosalynn wissen wollte, ob Berichte nach Vietnam übergelaufener Kader von Massenexekutionen hinter der Front den Tatsachen entsprächen, lächelte Pin ironisch und sagte, die Justiz sei Sache der örtlichen Kooperativen und im demokratischen Kamputschea gäbe es weder Straflager noch Gefängnisse, in denen Menschen gegen ihren Willen festgehalten würden. Auf Nachfrage räumte er jedoch ein, die Sicherheitsorgane hätten einen feindlichen Spionagering zerschlagen und mehrere aus Vietnam eingeschleuste Agenten eliminiert. Von ihrem begrenzten Kenntnisstand aus konnte Rosalynn nicht beurteilen, ob Pin ihr Lügen auftischte oder das, was er sagte, für die Wahrheit hielt. Daß er in Tuol Sleng Verhöre geleitet und bei Folterungen mit Hand angelegt hatte, wußte sie zu diesem Zeitpunkt noch nicht – genausowenig wie die Tatsache, daß Pin nach ihrer Abreise der von Pol Pot befohlenen Säuberung der Ostprovinz zum Opfer fiel.

»Ihr ständiges Gerede über Menschenrechtsverletzungen ist eine Provokation«, sagte Caudwell zu Rosalynn, während Thiounn Prasith die Gäste in den angrenzenden Speisesaal geleitete, wo ein üppiges Büffet angerichtet war. »Sie verfahren nach der Methode ›Haltet den Dieb‹ – wie Goebbels, der Churchill als Kriegstreiber zu entlarven versucht.« – »Ich bin weder Nazi noch Kommunist«, sagte Rosalynn, »und auch kein Revolutionstourist, der alles durch eine rosarote Brille sieht. Als Journalistin bin ich einzig und allein an Fakten interessiert!« – »Dann nehmen Sie sich ein Beispiel an Edgar Snow. Der hat die Wahrheit über China geschrieben, anstatt Mao als Menschenfresser zu verteufeln!« Thiounn Prasith schlug vor, auf das Gedächtnis des verstorbenen Vorsitzenden zu trinken, der das chinesische mit dem amerikanischen Volk versöhnt und dem sowjetischen Expansionismus den Kampf angesagt habe, und der Rest des Gesprächs ging in Gläserklirren und Gelächter unter, begleitet vom Donnergrollen der fernen Front, die unaufhaltsam näher zu kommen schien.

Auf der Rückfahrt besuchten sie eine Musterkooperative. Die auf halbem Weg nach Phnom Penh gelegene Siedlung Leay Bau war ein Potjemkinsches Dorf, ein kambodschanisches Disneyland, das ausländischen Delegationen voller Stolz vorgeführt wurde, weil hier alles so war, wie es die Propaganda der Roten Khmer behauptete; erst kürzlich hatte ein schwedisches Fernsehteam Mitglieder der Kooperative gefilmt und interviewt. Sie wohnten in auf Stelzen stehenden Holzhäusern, die hygienisch sauber und einfach, aber geschmackvoll eingerichtet waren. Der Staat lieferte ihnen alles, was sie benötigten, und ihr Lebensstandard war höher als vor der Revolution. Kinder wurden nicht von ihren Eltern getrennt, und im Gegensatz zu den in Lumpen gekleideten Elendsgestalten, die Rosalynn im Vorbeifahren mit Hacken und Schaufeln auf den Feldern hatte schuften sehen, wirkten alle gutgekleidet und wohlgenährt. Obwohl Leay Bau in Kambodschas fruchtbarer Reiskammer lag, behauptete Thiounn Prasith, die Roten Khmer hätten den Menschen hier den Reisanbau beigebracht und mit Hilfe eines ausgeklügelten Bewässerungssystems und schädlingsresistenter Pflanzen höchste Erträge erzielt, ohne auf aus dem Ausland importierte Düngemittel angewiesen zu sein. »In allen Zonen, Distrikten und Bezirken des Demokratischen Kamputschea schreitet die strategische Ernte in einer Atmosphäre kampfbereiter Solidarität und revolutionärer Begeisterung planmäßig voran«, sagte der Vorsitzende der Kooperative, dessen Rede Thiounn Prasith übersetzte, und Rosalynn erinnerte sich, den Satz in den Morgennachrichten von Radio Phnom Penh schon einmal gehört zu haben.

Beim Rundgang durch das Dorf sprach sie ein gehbehinderter alter Mann auf französisch an. Sein Name war Vann

Nath, er stammte aus Battambang und hatte als Restaurator in den Tempelruinen von Angkor Wat gearbeitet, bevor die Roten Khmer ihn zur Umerziehung aufs Land schickten. »Man hat mir erlaubt, in einem Reisfeld zu arbeiten«, flüsterte er so leise, daß Rosalynn ihn kaum verstand. Sie wollte Genaueres von ihm wissen, aber der Behinderte schien sich mehr für ihren Kugelschreiber und ihre Armbanduhr zu interessieren, die in Kambodscha Statussymbole waren – nur Führungskader der Roten Khmer trugen Kugelschreiber in der Brusttasche und Uhren am Handgelenk. Rosalynn wollte ein Foto von ihm machen, aber ihr Leibwächter hinderte sie daran, indem er ihr den Arm auf den Rücken drehte; trotz ihres Protests wurde sie im Polizeigriff abgeführt. »Entschuldigen Sie den Überfall«, sagte Thiounn Prasith und hielt die Tür des mit laufendem Motor wartenden Mercedes auf. »Wir brechen unseren Besuch ab und kehren sofort nach Phnom Penh zurück. *Bruder Nummer Eins* empfängt Sie heute abend zu einem persönlichen Gespräch!« – »Und wer ist *Bruder Nummer Eins?*« – »Pol Pot, der erste Sekretär unserer Partei!«

11

Nach der Ankunft im Gästehaus der Regierung duschte Rosalynn und zog sich um, ohne ihre Koffer auszupacken. Es war der letzte Tag ihres Aufenthalts in Kambodscha, und Thiounn Prasith hatte ihnen mitgeteilt, daß Pol Pot die Mitglieder der Delegation zu getrennten Gesprächen empfangen würde: Zuerst die beiden Journalisten, danach Caudwell, der als Freund des Demokratischen Kamputschea einen Sonderstatus innehatte. Zur vereinbarten Stunde hielt ein gepanzerter Mercedes, breiter und schwerer als ein gewöhnlicher Dienstwagen, in der Auffahrt zum Gästehaus und setzte sie eine halbe Stunde später vor einem der Akropolis nachempfundenen Gebäude ab, auf dessen Freitreppe Thiounn Prasith sie erwartete. Es war die am Ufer des Tonle Sap gelegene Residenz des früheren französischen Gouverneurs. Rosalynn trug ein helles Sommerkleid, Baldwin einen dunklen Anzug, als nehme er an einer Hochzeit oder Beerdigung teil; dazu hatte er seine Harvard-Krawatte umgebunden. Der als Protokollchef fungierende Thiounn Prasith führte sie durch eine Halle mit korinthischen Säulen in den holzgetäfelten Empfangsraum; schwere Vorhänge bauschten sich wie Segel im durch die Jalousien streichenden, warmen Wind, und ein am Boden stehender Ventilator versetzte Rosalynns Kleid in raschelnde Bewegung, ohne die erwünschte Kühlung zu bringen. An der Stirnwand des Saals schritt Ieng Sary mit hinter dem Rücken verschränkten Armen auf und ab, während Thiounn Prasith, in der Tür stehend, dem Dolmetscherteam letzte Instruktionen gab. Zwischen beiden saß auf einer Art Thron, einem mit einer Spitzendecke belegten Rokokostuhl, ein mittelgroßer Mann in maßgeschneiderter Parteiuniform, der sich beim Eintritt der Gäste erhob und ihnen lächelnd entgegenkam. Es war Pol Pot, von dem Rosalynn nicht wußte, ob er ein großer Revolutionär oder ein großer Verbrecher war; vielleicht, wie sie in diesem Augenblick mutmaßte, beides zugleich. Sein Händedruck war kraftlos und kalt, aber sein Lächeln so gewinnend, daß sie sich durch seinen Charme entwaffnet fühlte. Pol Pot sei zwar nicht gutaussehend, aber attraktiv, notierte sie in ihr Tagebuch, und es falle schwer, zu glauben, dieser seiner Wirkung auf Frauen sichere Mann habe eine Million Menschen umgebracht. Ieng Sary stellte ihm die Besucher vor, und Thiounn Prasith gab grünes Licht zum Fotografieren, während Pol Pot mit den Worten, er habe schon viel von ihnen gehört, die amerikanischen Journalisten willkommen hieß. Er lud sie ein, offenherzige Fragen zu stellen; die Roten Khmer hätten nichts zu verheimlichen oder zu verbergen und seien dankbar für jede Art von Kritik.

»Unsere Brüder und Schwestern haben manchmal nicht den Mut, uns mitzuteilen, was ihnen am Herzen liegt«, mit dieser Vorbemerkung leitete Pol Pot seine Rede ein. »Aber das Volk hat uns viel zu sagen, und deshalb wenden wir, um die Demokratie mit Leben zu erfüllen, eine revolutionäre Methode an. Zur korrekten Umsetzung der Demokratie gehört, daß jeder, der dazu aufgefordert wird, unverblümt seine Meinung sagen muß. Jeder, der sich weigert, von seinem Recht auf Meinungsäußerung Gebrauch zu machen, wird streng bestraft!«

Ieng Sary und Thiounn Prasith lachten, und das Dolmetscherteam klatschte Beifall.

»Wir sind hergekommen, um zuzuhören und zu lernen«, hörte Rosalynn sich sagen, und mit diplomatischem Understatement fügte Baldwin hinzu, für eine fundierte Einschätzung sei es noch zu früh; die ausländischen Beobachter brauchten mehr Zeit, um den tiefgreifenden Wandel zu verstehen, der sich in Kambodscha vollzogen habe.

Pol Pot nickte und setzte zu einer Grundsatzerklärung an. Er sprach anderthalb Stunden lang aus dem Stegreif, unterbrochen von kurzen Pausen, in denen er an seinem Wasserglas nippte; nur ein nervöses Zucken der Mundwinkel oder eine ruckartig Drehung des Handgelenks verrieten seine innere Unruhe. Während Rosalynn seine Rede Wort für Wort mitschrieb, wurde ihr klar, warum Pol Pot sie hierher beordert hatte: Nicht als Journalisten, sondern als diplomatischen Kuriere, um das, was er mitzuteilen hatte, der Mitwelt und Nachwelt zu übermitteln, in erster Linie aber dem State Departement, dem Pentagon und dem Weißen Haus in Washington.

»Das Demokratische Kamputschea wünscht keinen Krieg«, sagte Pol Pot mit sanfter Stimme, »weil der Übergang vom Sozialismus zum Kommunismus nur friedlich erfolgen kann. Aber Vietnam hat alle Gesprächsangebote abgelehnt: Es will unser Land erobern, um Kamputschea zum

Satelliten der UdSSR zu machen. Die vietnamesischen Expansionisten haben den sowjetischen Revisionisten die Füße geküßt und ein Militärbündnis mit dem Warschauer Pakt abgeschlossen. Russische Panzer werden die Reisfelder Kamputscheas durchpflügen, unterstützt von Flugzeugen und Infanterie, und die Truppen des Warschauer Pakts werden nicht haltmachen vor Phnom Penh, sondern weiter vorstoßen nach Bangkok und von dort bis Malaysia und Singapur, denn ihr strategisches Ziel ist die Beherrschung ganz Südostasiens, das nach dem strategischen Rückzug der USA für die UdSSR zur leichten Beute geworden ist. Aber die sowjetischen Revisionisten und ihre vietnamesischen Lakaien haben sich verschätzt: Das Demokratische Kamputschea zwingt Vietnam in die Knie, und an der Seite der Asean-Staaten und der Nato treibt unser heldenhaftes Volk die Aggressoren ins Meer!«

Baldwin räusperte sich und wollte wissen, ob er richtig gehört habe, daß der Krieg in Kambodscha auf eine Konfrontation zwischen Nato und Warschauer Pakt hinauslaufe? Pol Pot nickte emphatisch und rief, ohne die ihm gestellte Frage zu beantworten, mit vor Erregung überschnappender Stimme: »Das Demokratische Kamputschea hat die Machenschaften der Sozialimperialisten durchkreuzt und ihre Verbrechen vor der ganzen Welt offengelegt. Deshalb plant Hanoi einen vernichtenden Schlag gegen uns!«

Rosalynn wußte nicht, ob sie lachen oder weinen sollte. Handelte es sich um paranoide Phantasien, Ausgeburten des ideologischen Wahns, der Pol Pots Denken und Handeln bestimmte, oder um eine realistische Bestandsaufnahme, wie sie in den Analysen von Jimmy Carters Sicherheitsberater Brezinski zu finden war? Dagegen sprach, daß China und Japan nicht vorkamen in Pol Pots strategischem Kalkül, einer Neuauflage der Dominotheorie mit dem Ziel, die Regierung in Washington zu militärischem Eingreifen zu bewegen. Zum Abschied lud er seine Gäste zu baldiger Rückkehr ins Demokratische Kamputschea ein und schenkte ihnen zwei aus Granatsplittern gegossene Nachbildungen von Tempelfriesen aus Angkor Wat: Auf einem war eine vielarmige Tänzerin zu sehen, auf dem anderen ein Raubvogel, der wie im Mythos von Prometheus die Leber eines Gefesselten fraß.

Michael Caudwell erwartete sie, unruhig auf und ab gehend, im Vestibül des Gästehauses und wollte wissen, wie das Gespräch verlaufen sei. Zur Feier des Tages hatte er Haare und Bart geföhnt und trug an Stelle seines europäischen Anzugs ein Mao-Kostüm, dessen hochgeschlossener Kragen ihn wie ein protestantischer Bischof aussehen ließ – dabei war Caudwell schottischer Nationalist und haßte die anglikanische Kirche ebensosehr wie das britische Königshaus. Der Wagenschlag des Mercedes fiel hinter ihm zu, und der Fahrer gab so abrupt Gas, daß die Kieselsteine wie Wassertropfen hochspritzten, während Caudwell durchs Rückfenster den Reisegefährten zuwinkte; keiner von ihnen ahnte, daß es ein Abschied für immer war. Mit Baldwin an der Bar sitzend, entspannte sich Rosalynn bei einem Glas Wein, und beide stimmten darin überein, daß die Unterredung mit Pol Pot sie für den Leerlauf der letzten Tage entschädigt habe.

12

Als sie die Tür zu ihrem Zimmer aufschloß, hörte sie ein verdächtiges Geräusch und sah, aus den Augenwinkeln heraus, eine geduckte Gestalt, die sich mit einem Nachschlüssel oder Dietrich an Caudwells Zimmertür zu schaffen machte. Es war weder ihr Steward, noch einer ihrer Leibwächter; als sie den Eindringling fragte, wer er sei und was er dort zu suchen habe, murmelte dieser das Wort *chlop* und hastete in großen Sprüngen die Treppe hinab. Rosalynns Gedanken weilten bei ihren Gesprächsnotizen mit Pol Pot, die sie vor dem Schlafengehen ins Reine schreiben wollte, und sie maß dem Zwischenfall keine Bedeutung bei.

Im Traum spürte Rosalynn einen kühlen Luftzug, als habe die Schwinge eines Raubvogels ihre Schläfe gestreift. Sie war an ihr Bett gefesselt und sah, an sich herabblickend, einen Geier, der seine Krallen in ihren Unterleib grub und ihr mit scharfem Schnabel den Bauch aufhackte, um sich an ihrer Leber gütlich zu tun. Das Federvieh hatte das Gesicht von Pol Pot – vielleicht war es auch Ieng Sary oder Thiounn Prasith. Während das Leben aus ihrem Körper entwich, legte sie der Harpyie die Arme um den Hals und würgte solange, bis das Ungeheuer flügelschlagend verendet war. Mit letzter Kraft bäumte sie sich auf, aber es gelang ihr nicht, den Balg abzustreifen, dessen Gewicht ihr den Atem benahm. Sie fühlte Barthaare im Gesicht, deren kitzelnde Berührung sie zum Lachen reizte, und begriff, daß nicht Pol Pot, Ieng Sary oder Thiounn Prasith, sondern Michael Caudwell auf ihr lag, und daß *sie* ihn ermordet hatte.

Rosalynn schrie laut um Hilfe, und als sie die Augen aufschlug, stand ein Mann mit gezückter Pistole vor ihrem Bett, in dem sie den Einbrecher wiedererkannte, der sich an Caudwells Tür zu schaffen gemacht hatte. Er gab einen oder zwei Warnschüsse ab und taumelte rückwärts aus dem Zimmer, als sei er selbst von einer Kugel getroffen worden. Rosalynn suchte Zuflucht im Bad, dessen Tür sie von innen verriegelte; zitternd vor Aufregung und Angst, kauerte sie mit eingezogenem Kopf in der Badewanne, weil sie irgendwo gelesen hatte, emaillierter Stahl sei der beste Schutz vor Gewehrkugeln und Schrapnells. Sie hörte sich nähernde Schritte und Stimmen im Korridor, die vor ihrem Zimmer haltmachten und sich wieder entfernten nach einem gedämpften Wortwechsel, den sie nicht verstand. Eine Tür quietschte in den Angeln, und eine Serie von Schüssen hallte durch die Nacht, so schnell hintereinander, daß es wie eine Kettenreaktion klang; ein schwerer Gegenstand fiel zu Boden, und Schritte polterten die Treppe hinab. Danach herrschte eine Dreiviertelstunde lang Stille, akzentuiert vom Ticken ihrer Armbanduhr. Rosalynn blickte wie hypnotisiert auf das Leuchtzifferblatt, dessen Sekundenzeiger quälend langsam vorrückte; sie traute sich nicht, Licht zu machen und das Badezimmer zu verlassen, um keine Zielscheibe abzugeben für den Mörder, der in der Finsternis auf sie lauerte.

Rosalynn dachte angestrengt nach, aber sie hatte keinen Anhaltspunkt zur Beurteilung dessen, was geschehen war. Handelte es sich um einen Vorstoß der vietnamesischen Armee, um Kämpfe rivalisierender Einheiten der Roten Khmer oder um einen Putschversuch gegen Pol Pot? In allen drei Fällen war nicht ersichtlich, warum der Angriff sich gegen ausländische Journalisten richten sollte. Oder war es ein krimineller Akt ohne jeden politischen Hintergrund?

Um halb drei nachts klopfte jemand an die Badezimmertür und bat sie höflich, aber bestimmt, die Verriegelung zu öffnen. Es war ihr Steward, der nur gebrochen englisch sprach. Er wollte wissen, ob Rosalynn unverletzt sei, und forderte sie auf, sich reisefertig zu machen, ihr Zimmer aber bis auf weiteres nicht zu verlassen. Kurz darauf hielten mehrere Autos auf der Straße vor dem Gästehaus. Der Schein einer Taschenlampe irrlichterte durch die Dunkelheit, dann war das Rumpeln eines Dieselaggregats zu hören, und um sie herum wurde es taghell. Thiounn Prasith trat ohne anzuklopfen ins Zimmer, gefolgt von Baldwin, der karierte Pantoffeln unter seinem rasch übergeworfenen Trenchcoat trug. Der Steward servierte ihr Tee aus einer Thermoskanne, und Thiounn Prasith schärfte Rosalynn ein, nicht nach rechts oder links zu blicken, bevor er sie zu dem im Hof geparkten Mercedes geleitete. Aus den Augenwinkeln heraus sah sie Caudwell, von Schüssen aus nächster Nähe auf der Türschwelle niedergestreckt; sein blutgetränkter Pyjama war von Kugeln durchlöchert, und sein mutmaßlicher Mörder lag ermordet neben ihm.

13

Der Rest der Geschichte ist schnell erzählt. Auf dem in der benachbarten Kaserne untergebrachten Polizeirevier gaben Rosalynn und Baldwin zu Protokoll, was sie zwischen Mitternacht und ein Uhr früh gehört und gesehen hatten. Nachdem sie das von Thiounn Prasith aufgesetzte Protokoll unterzeichnet hatten, kehrten sie ins Gästehaus der Regierung zurück, wo Ieng Sary, bleich und übernächtigt, sie erwartete. Er drückte Rosalynn und Baldwin stumm die Hand und sprach ihnen im Namen seiner Regierung sein tief empfundenes Beileid aus. Dann hielt er, am Kopfende des Sarges stehend, in dem Caudwell zwischen Blumen aufgebahrt lag, eine improvisierte Ansprache, in der er den Verstorbenen als Freund des Demokratischen Kamputschea würdigte und vietnamesische Agenten für seine Ermordung verantwortlich machte. Seit zwei Wochen habe Radio Phnom Penh über alle Stationen ihres Besuchs berichtet, dessen Erfolg die Feinde des Demokratischen Kamputschea nicht habe ruhen lassen: Durch den heimtückischen Mord wollten sie einen Keil zwischen die Roten Khmer und ihre ausländischen Freunde treiben.

Der Mercedes brachte Rosalynn und Baldwin zum Flughafen, und mit dem Sarg im Gepäck traten sie die Heimreise an. Bei der Zwischenlandung in Beijing informierten sie die US-Botschaft, deren Geschäftsträger die traurige Nachricht an die britische Regierung weitergab, die sie zusammen mit Caudwells Leichnam den Hinterbliebenen übermittelte.

Bis heute ist nicht klar, warum Michael Caudwell sterben mußte und wer ihn getötet hat. Baldwin äußerte die Vermutung, er habe Pol Pot zur Einhaltung der Menschenrechte aufgerufen und dadurch den Zorn des Parteivorsitzenden auf sich gezogen. Rosalynn hielt das für unwahrscheinlich, denn Thiounn Prasith hatte ihr erzählt, das Gespräch sei in bestem Einvernehmen verlaufen, und Caudwell habe volles Verständnis geäußert für die Umsiedlung der Stadtbewohner aufs Land, eine Zwangsmaßnahme, die ihm aus ökologischen Gründen unumgänglich erschien. Wahrscheinlicher ist, daß Michael Caudwell sich als Friedensstifter betätigen und Pol Pot zum Waffenstillstand mit Vietnam überreden wollte, weil die Vorstellung, daß die Völker Asiens sich gegenseitig bekriegten, anstatt gemeinsam den Imperialismus zu bekämpfen, seinem marxistischen Weltbild widersprach. Aus Pol Pots Sicht war das Hochverrat, und Caudwell hatte damit sein Leben verwirkt.

Am ersten Weihnachtsfeiertag begann die vietnamesische Armee ihre Offensive gegen das Demokratische Kamputschea, ein Blitzkrieg, der im Januar 1979 mit der Eroberung von Phnom Penh endete. Pol Pot und seine Anhänger zogen sich in den Dschungel an der thailändischen Grenze zurück, und in einer bizarren Ironie der Geschichte wurden die Roten Khmer von den USA, den Asean-Staaten und der Europäischen Gemeinschaft als rechtmäßige Regierung Kambodschas anerkannt. Ieng Sary blieb Botschafter des Demokratischen Kamputschea bei den Vereinten Nationen in New York, bis er nach dem Rückzug der vietnamesischen Armee zur demokratisch gewählten neuen Regierung überlief, deren starker Mann Hun Sen, ein Ex-Kader der Roten Khmer, ihm Straffreiheit zusicherte. Pol Pot starb im Bett, am 23. Jahrestag des Einzugs seiner Truppen in Phnom Penh, nachdem seine Mitstreiter ihn, um einem Putschversuch zuvorzukommen, zu lebenslangem Arrest in einer Dschungelhütte verurteilt hatten, und wurde auf einem Haufen alter Autoreifen verbrannt. Aus den Archiven von

Tuol Sleng, einer ehemaligen Oberschule, in der 17.000 Männer, Frauen und Kinder mit Elektroschocks gequält und mit Hacken und Schaufeln totgeschlagen wurden, geht hervor, daß ein wegen Mordes vorbestrafter Krimineller Michael Caudwell im Auftrag des vietnamesischen Geheimdiensts erschossen haben soll. Ob dieses durch Folter erpreßte Geständnis den Tatsachen entspricht, sei dahingestellt.

EIN ERDBEBEN IN CHILE

1

Am Nachmittag des 11. September 1973 schlang der Liedermacher Gerónimo Ibañez seinen Gürtel um einen Pfeiler des Fußballstadions von Santiago de Chile, um sich zu erhängen.

In den frühen Morgenstunden hatte eine Serie von Explosionen die Häuser der Innenstadt in ihren Grundfesten erzittern lassen, und die aus dem Schlaf gerissenen Bewohner glaubten an eines jener katastrophalen Erdbeben, die alle hundert oder zweihundert Jahre die auf vulkanischem Boden errichtete Stadt erschütterten. Aber beim Blick aus dem Fenster sahen sie an Stelle der gewohnten Taxis und Busse, deren Chauffeure aus Protest gegen die geplante Verstaatlichung des Transportwesens streikten, Kolonnen von Militärlastwagen auf den Regierungspalast zurollen, aus dessen Toren öliger Rauch quoll, während Kampfflugzeuge in niedriger Höhe über die Dächer hinwegdonnerten. Zur gleichen Zeit wartete im ersten Stock des Gebäudes der Liedermacher Gerónimo Ibañez darauf, vom Präsidenten der Republik empfangen zu werden, um den Ablauf der Kundgebungen zum dritten Jahrestag der Revolution mit ihm zu erörtern. Gerónimo schritt nervös unter einem überlebensgroßen Porträt des Staatsgründers O'Higgins hin und her und warf unruhige Blicke auf die zu dieser Stunde noch menschenleere Plaza de la Constitución, über die im gleichen Augenblick ein Panzer rasselte, das Geschützrohr zur Fensterfront des Moneda-Palasts schwenkend, hinter der die Arbeitsräume des demokratisch gewählten Präsidenten lagen. »Sollten die Putschgerüchte der letzten Wochen doch wahr sein?« fragte Gerónimo sich besorgt, als eine Vorzimmerdame ihm die Tür öffnete und ihn mit den Worten »Pase, por favor!« ins Büro von Salvador Allende geleitete, der jedes militärische Zeremoniell verabscheute, an diesem Morgen aber, wie Gerónimo verwundert feststellte, einen Stahlhelm trug und anstatt einer Schärpe in den Landesfarben einen Munitionsgurt um den Oberleib gewunden hatte, der den dicklichen Staatschef wie eine Karikatur von Pancho Villa oder Emiliano Zapata aussehen ließ. Er reichte seinem Besucher stumm die Hand und wollte ihn, wie in Lateinamerika üblich, umarmen, als ein Pfeifton zu hören war, gefolgt von einer Detonation, die ein klaffendes Loch in die Decke riß. Gerónimo ging unter dem Schreibtisch in Deckung, um sich vor herabstürzenden Mauerbrocken zu schützen. Eine Wolke von Pulverdampf, Kalk und Mörtel benahm ihm die Sicht, und als der Staub sich verzog, sah er eine Phalanx von Schnürstiefeln vor sich, die nicht, wie er gehofft hatte, zur Leibwache des Präsidenten gehörten, sondern zur Vorhut der Putschisten, die ihre MPs auf ihn richteten. Trotz der Proteste des Staatschefs, der den Rebellen mit disziplinarrechtlichen Konsequenzen drohte, wurde Gerónimo mit Handschellen gefesselt und im Laufschritt treppauf, treppab, durch die Korridore der Moneda gehetzt, während über und unter ihm Granaten einschlugen. Seine Bewacher knüpften ihm eine Binde um die Augen und luden ihn auf einen Militärlastwagen, der mit unbekanntem Ziel vom Zentrum der Stadt in einen Außenbezirk von Santiago fuhr.

Eine Stunde später fand Gerónimo Ibañez sich in einer wahllos zusammengetriebenen Menschenmenge im Fußballstadion wieder. Er mußte Spießruten laufen durch ein Spalier blutjunger Kadetten, die die Festgenommenen mit Schlägen und Fußtritten maltraitierten, und sich mit im Nacken verschränkten Armen in der sengenden Sonne aufstellen. Einzelne Häftlinge wurden willkürlich herausgegriffen und zum Verhör in die unter der Tribüne gelegenen Umkleideräume geschleift, aus deren vergitterten Fenstern Stöhnen und Schmerzensschreie drangen; andere, die im

Verdacht standen, Gewerkschaftsaktivisten oder radikale Studenten zu sein, wurden an der Mauer des Stadions von Exekutionskommandos erschossen. Gerónimo hatte Glück im Unglück. Ein Leutnant, den er aus seiner Militärzeit kannte, gab ihm aus seiner Feldflasche Wasser zu trinken und erlaubte ihm, sich in den Schatten zu setzen, wo er seine glühende Stirn an einem Betonpfeiler kühlte. Aus dem Augenwinkel heraus sah er, wie der Sänger Victor Jara, ans Geländer der Tribüne gelehnt, seine Gitarre stimmte und ein Lied zu summen begann, in das die um ihn stehenden Gefangenen leise einfielen. Ein Kaporal trat mit hochrotem Kopf in den Kreis der Häftlinge und ließ seinen Gewehrkolben mit dem Ruf: »Wer hat dir Kommunistenschwein erlaubt, hier herumzuklimpern!« mit voller Wucht auf die gespreizten Finger des Sängers niedersausen. Gerónimo stand starr vor Entsetzen, und gleich als ob sein ganzes Bewußtsein zerschmettert worden wäre, hielt er sich an dem Pfeiler fest, um nicht umzufallen. Er dachte an seine Verlobte in der Hauptstadt der Deutschen Demokratischen Republik, deren Regierung ihn ohne Angabe von Gründen nach Westberlin ausgewiesen hatte, doch überall, wohin ihn der Fittig der vermessensten Gedanken trug, stieß er auf Riegel und Mauern.

2

Zur gleichen Stunde klingelte im Schlafzimmer des Generalsekretärs der SED und Vorsitzenden des Staatsrats der Deutschen Demokratischen Republik, Erich H., das rote Telefon. Nur höchste Spitzen von Staat und Partei und engste Familienangehörige kannten die Geheimnummer des Generalsekretärs, der sich in seiner Villa in Wandlitz von seinen Amtspflichten erholte. Erich H. rieb sich den Schlaf aus den Augen und hob den Hörer ab in der Erwartung, der Kanzler der BRD sei am Apparat, der ihn des öfteren zu nachtschlafener Zeit anrief, um strittige Fragen des Freikaufs von Häftlingen oder des Transits von und nach Westberlin mit ihm zu erörtern. Statt dessen meldete sich seine Tochter Josefa, so benannt zu Ehren von Josef Wissarionowitsch Stalin, in dessen Todesjahr sie geboren war, und bat ihren Vater mit tränenerstickter Stimme, das Leben ihres Verlobten zu retten, der, wie sie aus sicherer Quelle wisse, im Stadion von Santiago auf seine Hinrichtung warte. Und sie erzählte stockend, wie es ihr, nachdem sie in der Spätausgabe der ARD-Tagesschau die ersten Bilder vom Putsch in Chile gesehen habe, nach endloser Wartezeit gelungen sei, am Telefon, das ständig besetzt gewesen sei, mit der Mutter von Gerónimo Ibañez zu sprechen, der mit Tausenden politischer Gefangener im Stadion interniert und schutzlos den folternden und mordenden Militärs ausgeliefert sei. »Ich wußte nicht, daß du einen Verlobten hast,« sagte der Staatsratsvorsitzende kühl. »Habe ich dir nicht ausdrücklich verboten, Westfernsehen zu sehen und mich mit deinen privaten Angelegenheiten im Dienst zu behelligen?« Und er hängte abrupt den Hörer auf.

Kurz darauf klingelte erneut das Telefon und Josefa beschwor ihren Vater unter Hinweis auf dessen Haftzeit im Zuchthaus Brandenburg, alles in seiner Macht Stehende zu tun, um das Leben seines künftigen Schwiegersohns zu retten. »Hand aufs Herz,« sagte der Staatsratsvorsitzende, den bei der Erinnerung an den antifaschistischen Kampf, die härteste, aber auch die schönste Zeit seines Lebens, eine gewisse Rührung beschlich: »Liebst du ihn wirklich? Es gibt so viele gutaussehende junge Männer in unserer Republik. Warum muß es ausgerechnet dieser Chilene sein?« – »Wenn du es genau wissen willst – ich erwarte ein Kind von ihm,« sagte Josefa und legte den Hörer auf.

Der Staatsratsvorsitzende löschte das Licht und wälzte sich unruhig unter der Steppdecke hin und her. Die Worte seiner Tochter gingen ihm nicht aus dem Sinn. Vielleicht war es doch ein Fehler gewesen, das Visum des chilenischen Gitarristen, in den Josefa sich nach dessen Auftritt bei den Weltjugendfestspielen Hals über Kopf verliebt hatte, nicht zu verlängern, weil die Staatssicherheit Zweifel an der politischen Zuverlässigkeit des jungen Mannes äußerte. Der Staatsratsvorsitzende wollte seine Gattin anrufen, um die Angelegenheit mit ihr zu besprechen, aber in ihrer Funktion als Volksbildungsministerin nahm Margot an einer Cocktailparty mit Botschaftern befreundeter Staaten teil. Wie stets, wenn er nicht weiter wußte, wählte H. die Nummer des Ministers für Staatssicherheit, Erich M., der ebenfalls unabkömmlich war, weil er die Geheimdienstchefs sozialistischer Bruderländer zum Spanferkelessen auf seinem Jagdschloß empfing. Statt des Ministers meldete sich dessen Stellvertreter, Generalmajor Markus W., und versprach, nachdem der Generalsekretär ihm sein Dilemma geschildert hatte, die Angelegenheit diskret und geräuschlos zu regeln.

3

Zwei Stunden später hielt eine Mercedes-Limousine mit CD-Nummer und blauweißrotem Stander an einer von Militärpolizisten bewachten Straßensperre, die den Zugang zum Stadion abriegelte. Der Chauffeur öffnete den Wagenschlag, und der Botschafter des Königreichs der Niederlande präsentierte dem wachhabenden Posten seinen Diplomatenpaß. Er wünschte, den für das Stadion zuständigen Offizier zu sprechen, der nach kurzer Wartezeit auch erschien, und verlangte von diesem die sofortige Freilassung des Häftlings Gerónimo Ibañez Duarte, der zu Unrecht festgehalten werde, da er niederländischer Staatsbürger sei; sein Vater sei in Amsterdam geboren, und Ibañez werde auf Kosten der Botschaft dorthin repatriiert.

Drei Monate später – so lange dauerte es, bis die chilenischen Behörden die Ausreise des Häftlings bewilligten, der in den Niederlanden politisches Asyl beantragt hatte – landete Gerónimo, von Amsterdam kommend, auf dem Ostberliner Flughafen Schönefeld und wurde von einer Wartburg-Limousine ins Gästehaus der Regierung der DDR gebracht, wo er Josefa in die Arme schloß, die bald darauf einen gesunden Knaben gebar. Beide erzählten sich, was sie um einander gelitten hätten; und waren sehr gerührt, wenn sie dachten, wie viel Elend über die Welt kommen mußte, damit sie glücklich würden.

Anders als in der Novelle von Kleist, der die unterstrichenen Sätze entnommen sind, folgte auf die Naturkatastrophe nicht ein von Menschen gemachtes Desaster, sondern umgekehrt: Die Entropie strebt dem Maximum zu – oder muß es Minimum heißen? – und die angestaute Energie verpufft, ohne eine Spur in der Geschichte zu hinterlassen.

Obwohl es ihm in seiner neuen Heimat an nichts ermangelte – er studierte Musik an der Hanns-Eisler-Hochschule und durfte, anders als die meisten Exilchilenen, mit Devisenschecks in unbegrenzter Höhe im Intershop einkaufen – sehnte er sich aus dem trüben Ostberlin in seine von blendendem Licht durchflutete Heimat zurück; in solchen Momenten wollte es ihm scheinen, als sei er angesichts des drohenden Todes im Stadion von Santiago de Chile freier gewesen als in der von Mauer und Stacheldraht umfriedeten Hauptstadt der DDR.

Mitte der achtziger Jahre lockerte sich der Würgegriff der Militärs, und die Exilierten kehrten zunächst zögernd, dann in immer größerer Zahl in ihre Heimat zurück. Nachdem ein Referendum das Ende der Diktatur besiegelt und den friedlichen Übergang zur Demokratie geregelt hatte, siedelte Gerónimo zusammen mit Josefa, die inzwischen ihr zweites Kind zur Welt gebracht hatte, nach Santiago über, wo er seine Frau verließ, um mit seiner chilenischen Freundin zusammenzuleben und wieder in seinem angestammten Beruf als Disc-Jockey zu arbeiten; seit seiner Befreiung aus dem Stadion hat er die Gitarre nicht mehr angerührt.

Der Rest der Geschichte ist bekannt. Nach seinem durch Massendemonstrationen erzwungenen Rücktritt floh der Staatsratsvorsitzende in die chilenische Botschaft nach Moskau und kehrte auf Drängen seiner sowjetischen Freunde in die Bundesrepublik zurück, wo das Amtsgericht Moabit ihn wegen der Todesschüsse an der Berliner Mauer zu einer symbolischen Strafe verurteilte und wegen seiner angegriffenen Gesundheit vorzeitig aus der Haft entließ. Erich H. suchte Zuflucht bei seiner Tochter, die in Wirklichkeit Sonja heißt, und starb in einer Privatklinik in Santiago an Leberkrebs. Auf einem wenige Tage vor seinem Tod aufgenommen Foto ist zu sehen, wie die Gattin des Generalsekretärs mit dem Gartenschlauch ein Kamerateam des ZDF bespritzt, das durch eine Zaunlücke ihren im Liegestuhl schlafenden Ehemann zu filmen versucht.

DOPPELANEKDOTE (I)

Im März 1948 empfing der Generalsekretär der KPdSU Josef Wissarionowitsch Stalin eine hochrangige Delegation des Zentralkomitees der Sozialistischen Einheitspartei Deutschlands im kleinen Sitzungssaal des Kreml zu einer kameradschaftlichen Aussprache, die er, ohne die deutschen Genossen umständlich zu begrüßen, mit folgenden Worten begann: »Vermutlich denken Sie, der alte Stalin habe den Verstand verloren und sei übergelaufen ins Lager der Reaktion. Aber das trifft nicht zu. Ich möchte Ihnen einen freundschaftlichen Rat geben und Sie bitten, reiflich zu überlegen, ob Sie meinen Rat befolgen möchten oder nicht. Sie haben in dem von der Roten Armee befreiten Teil Deutschlands demokratische Reformen durchgeführt und alles in Ihrer Macht Stehende für die Entnazifizierung getan. Finden Sie nicht auch, daß es an der Zeit ist, die Trennung zwischen Nazis und Nichtnazis aufzuheben und ehemaligen Mitgliedern der NSDAP, die keine Verbrechen gegen andere Völker begangen haben, ihre aktiven und passiven Bürgerrechte zurückzugeben, damit sie sich am Aufbau eines demokratischen Staates beteiligen können? Finden Sie nicht auch, daß man die Entnazifizierungskommissionen auflösen und deren Tätigkeit einstellen sollte?«

Stalins Dunhill-Pfeife war ausgegangen. Nachdem er sie ausgeklopft, gesäubert und mit Virginia-Tabak gestopft hatte, schlug der Generalissimus der Roten Armee vor, ehemaligen Mitgliedern der NSDAP zu gestatten, im sowjetisch besetzten Teil Deutschlands eine eigene Partei zu gründen. An deren Spitze solle ein ehemaliger Naziführer treten. Stalin sog nachdenklich an seiner Pfeife. »Wie könnte eine solche Partei heißen?«, sagte er mehr zu sich selbst als zu seinen Gästen, denen der Schock ins Gesicht geschrieben stand. »Nationalsozialistische deutsche Arbeiterpartei? Nein, der Name ist vorbelastet. Oder Natio-

naldemokratische Partei? Das klingt schon besser.« Und an Wladimir Semjonow gewandt, den Chef der sowjetischen Militäradministration in Deutschland, fügte Stalin hinzu: »Haben wir nicht einen früheren Gauleiter oder tüchtigen NSDAP-Funktionär irgendwo im Lager oder Gefängnis sitzen? Wenn ja, setzen Sie Ihre deutschen Freunde gehörig unter Druck, damit der Mann freikommt und unverzüglich die Arbeit aufnehmen kann!«

Stalins in ruhigem Ton vorgebrachten Worte hatten den Mitgliedern des ZK der SED, von denen viele im Kampf gegen den Faschismus ihr Leben riskiert und in NS-Konzentrationslagern Familienangehörige oder Freunde verloren hatten, die Sprache verschlagen. Otto Grotewohl rieb die trüb beschlagenen Gläser seiner Brille am Ärmel seines Jacketts, und Wilhelm Pieck wischte sich mit einem karierten Taschentuch den Schweiß von der Stirn. Nur der aus jeder Säuberung siegreich hervorgegangene Generalsekretär der SED, Walter Ulbricht, hatte seine Fassung bewahrt und sagte mit der ihm eigenen Mischung aus Eiseskälte und Bauernschläue: »Die Hitlers kommen und gehen, aber das deutsche Volk bleibt. Genosse Semjonow braucht keinerlei Druck auszuüben, denn auf Vorschlag des Politbüros hat das Zentralkomitee der SED die sofortige Auflösung aller Entnazifizierungskommissionen verfügt. Der Beschluß wurde ohne Gegenstimmen gefaßt!« Die Anwesenden erhoben sich von ihren Plätzen und klatschten rhythmisch Beifall, während Stalin die erloschene Pfeife in die Tasche seiner Marschallsuniform steckte und grußlos den Saal verließ.

2

Am 24. Mai 1959 versammelten sich Arbeiterschriftsteller und schreibende Arbeiter aus dem Chemiekombinat Bitterfeld in einem zum Kulturpalast umfunktionierten Gewerkschaftsheim, um unter der fachkundigen Anleitung von Ulbrichts

Sekretär Otto Gotsche über Mittel und Wege zu diskutieren, wie die aus der bürgerlichen Gesellschaft ererbte Trennung von Kopf- und Handarbeit aufzuheben und durch die produktive Zusammenarbeit von Werktätigen mit Kulturschaffenden, Arbeitern der Faust mit Arbeitern der Stirn zu ersetzen sei. Kumpel, greif zur Feder *und* Schriftsteller, hinein in die Betriebe *lauteten die von der Partei ausgegebenen Devisen, und wegen der weit über Bitterfeld hinausreichenden Bedeutung des Themas hatte der Generalsekretär der SED sein Kommen angesagt, ein hoher Besuch, dessen protokollarisch korrekter Empfang den mit der Vorbereitung der Konferenz beauftragten Funktionären Kopf- und Bauchschmerzen bereitete.*

»Ich ahnte nicht, welche Lawine ich lostreten würde«, mit diesen Worten hat der für den störungsfreien Ablauf des Treffens zuständige Sekretär der DDR-Einheitsgewerkschaft nach der Wende einem Reporter des Rundfunksenders RIAS die Geschichte erzählt: »Obwohl die mir zugewiesene Aufgabe einzig und allein darin bestand, mit vor Begeisterung vibrierender Stimme Willkommen, teurer Genosse Ulbricht! *zu rufen, konnte ich in der Nacht vor der Bitterfelder Konferenz keinen Schlaf finden. Ich wälzte mich ruhelos auf der Matratze und wiederholte ohne Unterlaß die Worte* Willkommen, teurer Genosse Ulbricht!, *während über dem an den Kulturpalast grenzenden Birkenwald der ersehnte und zugleich gefürchtete Tag heraufdämmerte. Dann ging alles ganz schnell. Walter Ulbricht stieg aus seinem Dienstwagen, einer schwarzen Luxuskarosse mit zugezogenen Vorhängen, die wie alle Moskwitsch-Limousinen einem amerikanischen Chevrolet nachempfunden war; eine junge Pionierin überreichte ihm knicksend einen Blumenstrauß, den er seiner Frau Lotte weitergab, und als der Spitzbart mir auf dem roten Teppich entgegenkam, rief ich mit anfangs stockender, dann vor Aufregung überschnappender Stimme:* Willkommen teurer Genosse Stalin! *Die Umstehenden brachen in schallendes Gelächter aus, selbst Ulbrichts persönlicher Referent Otto Gotsche konnte sich ein Schmunzeln*

nicht verkneifen, aber meine Parteikarriere wurde abrupt beendet: Ulbricht katapultierte mich mit dem Ellbogen aus seiner Umlaufbahn, und ich sah in Zeitlupe, wie sich meine Schuhspitzen im Saum des roten Teppichs verhedderten, bevor ich zusammen mit dem Gleichgewicht auch das Bewußtsein verlor.«

»Ich weiß nicht, welcher Teufel mich geritten hat«, mit diesen Worten beendete der Gewerkschaftssekretär seinen Bericht, »aber Oppositionsgeist scheidet mit Sicherheit aus, denn jede Art von Regimekritik lag mir fern – ganz im Gegenteil. Beim Versuch, meine bedingungslose Loyalität zu beweisen, hatte ich mein Soll übererfüllt, wie es in der Sprache der Fünfjahrespläne hieß, indem ich Walter Ulbricht mit dem Genossen Stalin auf eine Stufe stellte: Ein doppeltes Sakrileg, weil letzterer nach dem XX. Parteitag der KPdSU zur Unperson geworden war: Nicht nur das Lob, auch die Verdammung der Herrschenden hatten in der dafür vorgeschriebenen Form zu erfolgen. Überflüssig zu sagen, daß ich in der Deutschen Demokratischen Republik kein Bein mehr auf den Boden bekam und erst wieder aus der Versenkung auftauchte, als es den Arbeiter- und Bauernstaat, dem ich bis zur Selbstverleugnung gedient hatte, nicht mehr gab.«

LARA LA GUERRILLERA ODER: FRAU VOR FLUSSLANDSCHAFT

1

Meine Eltern nannten mich Lara, meine kubanischen Freunde Larita, aber mein richtiger Name ist Larissa Duncker, und ich bin jetzt schon länger tot, als ich gelebt habe. Erst kürzlich haben forensische Experten meine Gebeine entdeckt und unter dem Beton des Flugfelds freigelegt, wo die bolivianischen Söldner mich verscharrten, nachdem sie meine Leiche aus dem Rio Grande gezogen hatten; nicht bei dem Hinterhalt am Vado del Yeso, wo die Armee das Feuer auf uns eröffnete, nachdem der Campesino Rojas uns verraten hatte, sondern weiter flußabwärts – die Strömung hatte mich fortgeschwemmt, aber davon spürte ich nichts mehr, denn ich verlor sofort das Bewußtsein, als die Kugel mich traf; vermutlich bin ich nicht an einer Schußwunde gestorben, sondern ertrunken. Meine sterblichen Überreste wurden nach Kuba überführt und dort mit großem Pomp beigesetzt, in Santa Clara, im Mausoleum des Che, so daß ich ihm wenigstens jetzt, im Tode, nahe bin.

Das war das gewaltsame Ende meiner Odyssee, die nicht in Kuba begonnen hatte und auch nicht in der Hauptstadt der Deutschen Demokratischen Republik, nein, viel früher, in Argentinien. Dort brachte meine Mutter mich zur Welt, nicht in einer teuren Entbindungsklinik, sondern in einer billigen Mietwohnung in Saavedra, einem Vorort von Buenos Aires, wo meine Eltern Unterschlupf gefunden hatten, nachdem sie vor den Hitlerfaschisten – so nannten wir die Nazis später in der DDR – nach Südamerika geflohen waren. Meine Mutter stammte aus Odessa; sie war jüdischer Herkunft, aber anders als gläubige Juden, die sich willig zur Schlachtbank führen ließen, hatte sie sich rechtzeitig von der Religion ihrer Vorväter distanziert. 1933, bei der Machtergreifung der Nazis, arbeitete sie als Sekretärin in der Sowjetbotschaft Unter den Linden und war durch ihren russischen Paß vor politischer Verfolgung geschützt. Im kommunistischen Jugendverband hatte sie meinen Vater kennen und lieben gelernt, und weil die Rassengesetze der Nazis Ehen mit Nichtariern verboten, lebte sie ohne Trauschein mit ihm zusammen. Alfred war eingeschriebenes Mitglied der KPD und klärte sie auf über die Machenschaften der Junker und der Großindustrie, die Hitler in den Sattel gehievt hatten. Als die Gestapo sie zum Verhör einbestellte, hatte meine Mutter ihre Koffer schon gepackt und floh über Warschau nach Paris, von wo sie mit meinem Vater nach Buenos Aires emigrierte. Beide erzogen mich im Geist des Klassenkampfs, in unerschütterlicher Treue und heißer Liebe zum Genossen Stalin, dem weisen Vorsitzenden der Partei. In der Schule brachte man mir die Liebe zu anderen Führern bei, Juan und Evita Perón, die das argentinische Volk wie Heilige verehrte und deren Vorbild nachzueifern ich beim Fahnenappell feierlich schwor. Meine Mutter lehrte mich, meine wahre Überzeugung geheimzuhalten, was sich später als nützlich erweisen sollte; denn, so sagte sie, als Juden seien wir überall in der Welt von Ausweisung oder Abschiebung bedroht, und es sei klüger, uns nicht in die Politik des Gastlands einzumischen, das nur auf eine Gelegenheit warte, die lästigen Kostgänger loszuwerden. Umso erleichterter waren wir, als die Führung der Partei meinen Vater nach Ostberlin berief, wo ich an der Clara-Zetkin-Oberschule das Abitur ablegte; mein mangelhaftes Deutsch machte ich durch eifriges Studium des Marxismus-Leninismus wett. Ich hatte allen Grund, der DDR dankbar zu sein, aber beim Blick in die schmutzigen Hinterhöfe, in denen Tauben gurrten, und in den grauen Himmel über Berlin, durch den die Rosinenbomber der alliierten Luftbrücke donnerten, sehnte ich mich in das von mediterranem Licht durchflutete Buenos Aires zurück.

2

Ja, so hätte es gewesen sein können – aber nein, so war es nicht. Zur Zeit der Berliner Luftbrücke, als amerikanische Bomber Wrigley's-Kaugummi und Hershey-Schokoladenriegel über den Westsektoren der geteilten Stadt abwarfen, ging ich auf die *Escuela Cangallo* in Buenos Aires. Ich trug blonde Zöpfe, und die höchsten Luftsprünge, die ich damals machte, lagen bei einem Meter und brachten mir, zusammen mit meiner Rekordzeit von 11,06 Sekunden über 75 Meter, eine Ehrenurkunde des Sportvereins *Vorwärts* ein, der mich zur Besten des Geburtsjahrgangs 1937 erkor. Habe ich schon erwähnt, daß mein Vater Turnlehrer war? Erst im Sommer 1952 kehrten meine Eltern nach Deutschland zurück, das sie so schnöde vertrieben hatte, jetzt aber mit roten Fahnen empfing, auf denen statt Hakenkreuzen Hammer und Zirkel prangten: An Stelle des Rassenhasses war Völkerfreundschaft angesagt, und der totale Krieg wurde durch Frieden und Sozialismus abgelöst. Wir lebten nicht in der Hauptstadt der Deutschen Demokratischen Republik, sondern dort, wo die Einheitspartei verdienten Genossen wie uns Wohnung und Arbeit zuwies: *Straße der Jugend 44* in Stalinstadt, einem frisch aus dem Boden gestampften Industriekombinat, das nach dem Tod des Namenspatrons und der Enthüllung seiner als Personenkult bezeichneten Untaten in Eisenhüttenstadt umgetauft wurde. Hier besuchte ich eine nach Ernst Thälmann benannte Oberschule, büffelte Russisch, Mathe und Physik und trat, wie es sich für Kinder klassenbewußter Eltern gehört, der *Freien Deutschen Jugend* und der *Gesellschaft für Sport und Technik* bei. Dort lernte ich, mit dem Kleinkalibergewehr auf bewegliche Ziele zu schießen, was mir später von Nutzen sein sollte, damals aber mißfiel: Nicht, weil ich den Krieg haßte – Pazifismus war mir immer schon suspekt – sondern weil mein Ausbilder ein zum Kommunisten umgepolter Nazi war; kratzte man am roten Lack, kam das Braun der SA zum Vorschein und mit ihm die dazugehörigen antijüdischen Ressentiments. Ich beschwerte mich höheren Orts, aber meine Eingabe wurde abgeschmettert unter Hinweis auf die Weisheit der Partei, die sich, um die Faschisten zu schlagen, deren Fachwissen aneignen müsse. Die Partei hat bekanntlich immer recht. Damit ich auf andere Gedanken käme, schickten meine Eltern mich in ein Zeltlager an die Ostsee, wo ich am Lagerfeuer Akkordeon spielte und revolutionäre Lieder sang, und zum Skilaufen ins Erzgebirge, wo ich in einer Skihütte meine Unschuld verlor. Aber das gehört nicht hierher – Details aus meinem Privatleben tragen nichts zur Befreiung des Volkes bei, wie Che Guevara zu sagen pflegte. An meinem 18. Geburtstag beantragte ich die Mitgliedschaft in der SED, noch bevor ich im Mai 1956 die Reifeprüfung ablegte und in Leipzig Pädagogik zu studieren begann.

3

An dieser Stelle muß ich eine Einschränkung machen, denn obwohl oder weil ich mein ideologisches Soll übererfüllte – in den Augen meiner deutschen Kommilitonen war ich eine Hundertfünfzigprozentige – habe ich mich in der DDR nie zu Hause gefühlt. Während meine Eltern die Übersiedlung nach Deutschland als Heimkehr empfanden, weil ihnen Argentinien fremd geblieben war, war es bei mir umgekehrt: Die DDR wurde meine politische Heimat, Argentinien dagegen war mein Vaterland, und der Klang des Spanischen weckte nostalgische Gefühle in mir, besonders wenn es mit Porteño-Akzent gesprochen wurde – so nennen sich die Einwohner von Buenos Aires. Ich litt an gespaltener Loyalität: Während ich am ersten Mai unter roten Fahnen durch die Straßen von Leipzig lief, gegen die Bonner Revanchisten protestierte und die Kumpel von Eisenhüttenstadt zu noch größeren Anstrengungen aufrief bei der Erfüllung des laufenden Fünfjahresplans, saß ich in Gedanken in einem Ausflugslokal am Ufer des Rio de la Plata, eine Thermoskanne mit Mate-Tee und ein blutiges Steak vor mir, das ein als Gaucho kostümierter Kellner mir auf dem Holzbrett servierte, und blickte auf die Lichterkette von Montevideo am Horizont. Beide Komponenten meiner Persönlichkeit, mein politisches Bewußtsein – sofern man bei einer Zwanzigjährigen von Bewußtsein sprechen kann – und meine sentimentalen Gefühlsaufwallungen fielen ineins zusammen, als die Nachricht vom Vormarsch der Guerrilleros in der Sierra Maestra nach Ostberlin drang. HÄNDE WEG VON KUBA titelte das *Neue Deutschland* im Januar 1959, während Fidel Castros Partisanen unter dem Jubel der Massen in Havanna einzogen. Und in der *Jungen Welt*, dem Zentralorgan der FDJ, war die von mir übersetzte Hymne der kubanischen Revolution zu lesen, deren Vorkämpfer beim Sturm auf die Moncada-Kaserne am 26. Juli 1953 als Märtyrer gefallen waren. Schon vorher hatte ich mit Brieffreunden aus Argentinien korrespondiert und eine Delegation brasilianischer Sportler während ihres Besuchs in Ostberlin betreut. Das Ende meiner Latenzphase – dialektisch gesehen, war es ein Umschlag von aufgestauter Quantität in neue Qualität – bedeutete die Ankunft einer kubanischen Wirtschaftsdelegation unter Leitung des Industrieministers und Chefs der Nationalbank, der trotz seines jungen Alters schon damals eine lebende Legende war und noch dazu – aller guten Dinge sind drei – aus Argentinien stammte wie ich. Sein Name war Ernesto Guevara de la Serna, und ich bekam den ehrenvollen Auftrag, ihn als Dolmetscherin zu einem Meinungsaustausch mit deutschen und lateinamerikanischen Studenten nach Leipzig zu begleiten – inzwischen hatte ich mein Pädagogikstudium beendet und studierte Romanistik an der Humboldt Universität.

4

Aller guten Dinge sind drei, und bevor ich *El Che* kennenlernte – so nannten ihn seine Mitkämpfer in der Sierra Maestra unter Anspielung auf seinen argentinischen Akzent – kreuzten zwei andere Emissäre der kubanischen Revolution meinen Weg, die mir im Vergleich zu den schmallippigen Funktionären der SED wie Paradiesvögel vorkamen, obwohl auch sie durch die harte Schule der Komintern gegangen waren: Hortensia Gómez, im Berliner Büro der Internationalen Frauenföderation für Lateinamerika zuständig, und Antonio Núñez Jiménez, Leiter einer hochrangigen Delegation aus Havanna, den ich während seines Staatsbesuchs in Ostberlin als Dolmetscherin begleitete. Was die beiden von den Glatzköpfen und Spitzbärten der Deutschen Demokratischen Republik unterschied, war nicht nur ihr überschäumendes Temperament – anstatt ihnen stumm die Hände zu reichen, küßten sie alle, die ihnen vorgestellt wurden, von oben bis unten ab -, sondern auch ihre, wie mir damals schien, durch kein Kalkül gefilterte, spontane Offenheit. »Nenn mich Toni«, sagte Antonio Núñez Jiménez, der Kubas Belange in Moskau und New York vertreten hatte, »oder sag einfach *compañero* zu mir. – Willst du ein Staatsgeheimnis wissen?« Und er erzählte mir, nach dem frühen Tod des allseits beliebten Camilo Cienfuegos, der bei einem mysteriösen Flugzeugabsturz ums Leben gekommen war, sei Che Guevara die Nummer zwei – nach Fidel und vor dessen weniger charismatischem Bruder Raúl. Im August habe das US-amerikanische *Time*-Magazin ihn sogar zum Mann des Jahres 1960 und zur Nummer eins erklärt: Fidel Castro sei das Herz, Raúl Castro die Faust und Che Guevara das Hirn der kubanischen Revolution. Ob ich den Artikel gelesen habe? Toni lachte, als ich ihm erklärte, als Mitglied der SED hätte ich mich verpflichtet, die imperialistische Hetzpresse zu boykottieren. Er zog ein abgegriffenes Exemplar von *Time* aus seiner Aktentasche und las laut vor:

»Mit seinem zärtlichen, melancholischen Lächeln, das viele Frauen umwerfend finden, lenkt Che Kuba mit eiskalter Berechnung, umfassender Kompetenz, hoher Intelligenz und einem ausgeprägten Sinn für Humor. – Du bist vorgewarnt, *chica!*« Toni drohte mir scherzhaft mit dem Zeigefinger. Zum Abschied zog er aus seiner Aktentasche ein Paar Nylonstrümpfe, die er beim Klassenfeind im Westberliner Kaufhaus KaDeWe gekauft hatte, und schenkte sie mir, damit ich dem Mann des Jahres ohne Laufmaschen unter die Augen treten konnte, wie er mit spitzbübischem Lächeln hinzufügte.

Ich war vorgewarnt, aber bevor ich meine erste Begegnung mit Che Guevara schildere, versichere ich an Eides statt, daß sie nicht im Bett endete, wie böse Zungen behaupten – eine üble Nachrede, die ebenso aus der Luft gegriffen ist wie das schon damals kolportierte Gerücht, ich hätte für die Staatssicherheit der DDR oder den KGB gearbeitet. Um es ein für alle Mal klarzustellen: Ich bin weder eine Jinetera – so nennt man in Kuba eine Reiterin, die jeden sich bietenden Hengst besteigt – noch habe ich für den kubanischen Geheimdienst, den Bonner Verfassungsschutz oder – das ist der Gipfel der Verleumdung! – für die CIA spioniert.

5

Alle, alle waren zur Stelle bei dem Empfang, zu dem das Ministerium für Außenhandel der Deutschen Demokratischen Republik eingeladen hatte, um den Abschluß des ersten Wirtschaftsabkommens mit Kuba zu feiern, dem zahlreiche weitere folgen sollten. Damals ging es lediglich um den Ankauf von 100.000 Tonnen kubanischem Zucker zum Weltmarktpreis, der in Dollars zu bezahlen war – Tauschgeschäfte waren noch nicht üblich – und das Ganze war ein Klacks im Vergleich zum Handelsvolumen späterer Jahre. Doch das war nicht der Grund, warum die Vorsitzenden des Staatsrats, die Minister der Regierung und die Mitglieder des diplomatischen Corps fast vollzählig erschienen, dazu die Vertreter der Massenorganisationen: Vom Kulturbund über den Schriftstellerverband bis zur Liga für Völkerfreundschaft, und weiter über die Internationale Frauenföderation und die Deutsche Lateinamerika-Gesellschaft bis zur Freien Deutschen Jugend, deren Delegation ich angehörte. Außer dem kurz zuvor verstorbenen Wilhelm Pieck waren alle da: Walter Ulbricht und Otto Grotewohl, Hilde Benjamin und Erich Honecker, Anna Seghers und Ludwig Renn, Manfred von Brauchitsch und Manfred von Ardenne. Alles, was Rang und Namen hatte im Arbeiter- und Bauernstaat, einschließlich in der Wolle gefärbter früherer Nazis, war aufmarschiert, um eine Handvoll bärtiger Männer in Schnürstiefeln und grünen Kampfanzügen zu bestaunen, die wie Raubtiere im Zoo einen beißenden Geruch um sich verbreiteten – kein Blutgeruch, sondern das herbe Aroma von Havanna-Zigarren.

Hortensia Gómez vom Sekretariat der Internationalen Frauenföderation nahm mich unter ihre Fittiche; sie hatte mir ein geblümtes Kleid geliehen, das, wie sie meinte, meine weiblichen Reize besser zur Geltung brachte als das Blauhemd der FDJ, und wies mit diskretem Fingerzeig auf einen Mann mit Baskenmütze, der auch im Sitzen seine Begleiter um Haupteslänge überragte. Die Mitglieder der kubanischen Delegation hatten in Ledersesseln Platz genommen, um sich den vor ihnen stehenden Speisen und Getränken zu widmen, und der Sitzriese zündete sich eine überdimensionale Zigarre an und blickte suchend durch den Saal. Er sah erschöpft und übernächtigt aus, und sein von einem schütteren Bart umrahmtes Gesicht war aufgedunsen durch die Einnahme von Cortison, mit dem er seine Asthma-Anfälle bekämpfte. Sein schweifender Blick blieb an mir hängen, und in den lila verschatteten, olivbraunen Augen blitzte die

Andeutung eines Lächelns auf: »Das ist Che Guevara,« flüsterte Hortensia mir zu, »komm, ich stell ihn dir vor!« Aber es war zu spät, denn eine Gruppe hochrangiger Funktionäre, angeführt von einem Faun mit Bocksbart und meckernder Stimme, der hier das Sagen hatte, schob sich zwischen uns, und an Stelle des Argentiniers, dessen trauriger Blick mich an die Tangos von Carlos Gardel erinnerte, sah ich den breiten Rücken eines Leibwächters vor mir, eingezwängt in ein schlecht sitzendes Jackett, unter dem sich der Umriß einer Pistole abzeichnete – wahrscheinlich ein Mitarbeiter der sowjetischen Botschaft, denn Bürgern der DDR war das Tragen von Waffen strikt untersagt.

6

Als ich Che Guevara wiedersah, trug ich das Blauhemd der FDJ. Hortensias geblümtes Kleid hatte einen politischen Skandal entfacht: Die Kaderleitung hatte den Verstoß gegen die Kleiderordnung gerügt und mich wegen Verletzung der Parteidisziplin zur Rede gestellt; und nur weil das *corpus delicti* der Bürgerin eines befreundeten Staates gehörte, kam ich mit einem blauen Auge davon. Meine zweite Begegnung mit Che – genau genommen war es die erste, denn auf dem Staatsempfang hatten wir nur Blicke, aber keine Worte gewechselt – fand in Auerbachs Keller statt, wo die kubanische Delegation mich spätabends erwartete, um das Solidaritätsmeeting in der Leipziger Universität vorzubereiten. Che Guevara hatte den Kopf auf die Tischplatte gelegt und schlief, einen Humpen Bier und einen Teller mit einer angebissenen Bratwurst neben sich. Ich hatte nicht den Eindruck, daß er von dem Gespräch, das wir führten, viel mitbekam; er brummte etwas in seinen Bart, das ebensogut Zustimmung wie Ablehnung bedeuten oder sich auf den Inhalt eines Traums beziehen konnte. Bei meinem Anblick rieb er sich die Augen, als habe er eine Halluzination, erhob sich schlaftrunken und ging schwankend zur Tür, wo er kopfschüttelnd stehenblieb vor einem Wandbild mit Motiven aus Goethes *Faust*, der Gretchen um die Hüfte faßt, während Mephisto zum Tanz aufspielt. Die Tür fiel krachend ins Schloß, und als ich aufblickte, war Che verschwunden, als habe er sich in Luft aufgelöst.

Am Morgen war er pünktlich zur Stelle und bestätigte seinen Ruf, das Gegenteil eines notorisch unpünktlichen Lateinamerikaners zu sein. Guevara war nicht wiederzuerkennen: Seine Haare waren gewaschen, der Kampfanzug frisch gebügelt, die Knobelbecher auf Hochglanz poliert, und er sah nervös auf die Uhr, aus Angst, den am frühen Nachmittag startenden Flug über Prag und Paris nach Havanna zu versäumen. Vom akademischen Viertel hatte Che noch nie etwas gehört, und es überraschte ihn, daß die für ihre Disziplin berüchtigten Deutschen so verschwenderisch mit ihrer Zeit umgingen. Pünktlich um viertel nach neun begann er seinen Vortrag über die Methode des Partisanenkriegs, den ich, in der Dolmetscherkabine sitzend, Satz für Satz übertrug, was mir nicht allzu schwer fiel, weil ich den Text am Vorabend gelesen und eine Rohübersetzung angefertigt hatte. Nur das ständig wiederkehrende Wort *foco* machte mir Schwierigkeiten: Mal übersetzte ich es mit *Basis*, mal mit *Brennpunkt* oder *Brandherd*, dann wieder mit Stützpunkt im revolutionären Krieg. *Patria o Muerte – Venceremos!* Mit diesem von José Martí entlehnten Appell beendete Che Guevara um Punkt zehn seine Ansprache und beschattete die vom Blitzlicht der Fotografen geblendeten Augen auf der Suche nach einer Wortmeldung aus der Tiefe des Saals. Nur spärlicher Beifall regte sich, weil die zu dem Meeting abkommandierten Studenten sich nicht sicher waren, ob die Darlegungen des Redners mit der Parteilinie der SED übereinstimmten oder nicht – seinem unorthodoxen Aussehen nach schien letzteres der Fall zu sein, weshalb Vorsicht geboten war: Wer sich verplapperte, verlor seinen Studienplatz, und Che Guevaras Aufforderung, freimütig Fragen zu stellen und offen Kritik zu üben, rief betretenes Schweigen hervor. Nur ein Abgesandter des imperialistischen Klassenfeinds, ein *Spiegel*-Reporter aus dem nahen und doch so fernen Hamburg, meldete sich zu Wort und wollte wissen, ob Kuba im Streit zwischen China und der UdSSR auf Seiten der Sowjetunion stünde. »Diese Frage kann Ihnen nur Fidel Castro persönlich beantworten«, sagte Che Guevara, ohne sich durch die Provokation irritieren zu lassen. »Was mich betrifft, so hat mir beim Treffen der 81 kommunistischen Parteien in Moskau der Abgesandte Haitis aus dem Herzen gesprochen, als er die Delegierten beschwor, die Einheit des revolutionären Kampfs zu bewahren. Im übrigen habe ich mich sowohl in Moskau, als auch in Peking und Pjöngjang von dem ehrlichen Bestreben überzeugt, die Errungenschaften des Sozialismus zu verteidigen. – Gibt es sonst noch Fragen?« – »Sie haben an Stalins Grab einen Kranz niedergelegt, obwohl Ihre sowjetischen Gastgeber Ihnen davon abrieten, dies zu tun. Sind Sie Stalinist?«- »Die kubanische Revolution orientiert sich an den gegenwärtigen Bedürfnissen der Bevölkerung und nicht an den Kämpfen der Vergangenheit. Haben Sie keine substanzvolleren Fragen?« – »Ihr Privatleben ist von einem Schleier der Geheimhaltung umgeben«, rief der *Spiegel*-Reporter: »Stimmt es, daß Sie während Ihrer Abwesenheit von Kuba zum zweiten Mal Vater geworden sind?« – »Details aus meinem Privatleben tragen nichts zur Befreiung des Volkes bei.«

Ordner mit roten Armbinden umringten den *agent provocateur* und drängten ihn zum Ausgang des Saals, während ein kleines Mädchen mit dem Halstuch der Jungen Pioniere das Podium erklomm und Che Guevara unter tosendem Beifall einen Nelkenstrauß überreichte, den dieser an mich weitergab. Inzwischen hatte ich die Dolmetscherkabine verlassen, und Che dankte mir für die geleistete Arbeit mit einem *abrazo*, bei dem er mich einen Augenblick länger als nötig in den Armen hielt. Ich weiß nicht, welcher Teufel mich geritten hat – vielleicht war es Mephisto, dessen Bild ich in Auerbachs Keller gesehen hatte – aber ich fragte ihn, wie das spanische Wort *foco* exakt zu übersetzen sei. Che legte den Zeigefinger an die Nase. »Am besten mit dem lateinischen *focus*«, sagte er. »Englisch *to fuck*«, rief einer seiner Begleiter, ich glaube es war Osmany Cienfuegos, der Bruder des tödlich verunglückten Camilo. »So redet man nicht in Gegenwart einer Dame«, sagte Che Guevara mißbilligend, »schon gar nicht, wenn die Dame keine Tuzera ist, sondern eine Porteña, die ihrem Akzent nach aus den besseren Vierteln von Buenos Aires kommt. Hab ich recht?« – »Ich bin in Saavedra geboren, nicht in Recoleta, und wie Sie an meinem Blauhemd sehen, bin ich keine höhere Tochter, sondern Genossin der Partei. Was eine Porteña ist, weiß ich, aber von einer Tuzera hab ich noch nie gehört. Was ist das?« – »Der Ausdruck stammt von mir«, sagte Osmany Cienfuegos stolz. »Tussex heißen die Devisengeschäfte in Prag, in denen man zollfrei einkaufen kann, und vor den Tussex-Läden stehen die Tuzeras herum.« – »Ich dachte Sie seien verheiratet, », sagte ich zu Che Guevara gewandt. »Stimmt es, daß Sie vor kurzem Vater geworden sind?« Er errötete wie ein Schuljunge, der beim Mogeln ertappt worden ist. »Wir Revolutionäre haben Kinder, die ihre Väter nicht kennen«, murmelte er in seinen Bart, »Frauen, die ihr Familienleben der Revolution aufopfern, und unser Freundeskreis bleibt auf die engsten Kampfgefährten beschränkt. Für mich gibt es kein Leben außerhalb der Revolution, und ich würde niemandem raten…« – die Fortsetzung ging in einem Hustenanfall unter. Zum Abschied schenkte er mir das Typoskript seiner Rede, deren Schlußsatz *Der Revolutionär muß von einer großen Liebe zur Menschheit erfüllt sein* er doppelt unterstrich. Che gab mir seine Adresse und Telefonnummer und lud mich ein, nach Havanna zu kommen, um an seiner Seite für die Befreiung Lateinamerikas zu kämpfen, bevor er in ein mit laufendem Motor wartendes Auto stieg.

7

Die Mühlen der kommunistischen Bürokratie mahlen langsam, aber sie mahlen trefflich fein: Zwischen Bestellung und Lieferung eines Wartburg wie dem, der Che Guevara zum Flughafen brachte, lagen zwölf Jahre – vorausgesetzt, man hatte den Kaufpreis vorab bezahlt; und wer nach Westdeutschland ausreisen wollte, um bei der goldenen Hochzeit der Schwiegereltern dabeizusein, mußte bis zum Erreichen des Rentenalters warten. Auf unerlaubte Entfernung von der Truppe stand die Todesstrafe, und wer sich nicht an die Gesetze des Arbeiter- und Bauernstaats hielt, den zermahlte die DDR-Justiz wie Max und Moritz zu Schrot und Korn. »Niemand hat die Absicht, in Berlin eine Mauer zu errichten«, hatte der Spitzbart im Juni 1961 erklärt; sechs Wochen später machten Pioniere der nationalen Volksarmee mit Beton und Stacheldraht die Grenze dicht. Ich habe den historischen Tag nicht mehr erlebt, denn im Morgengrauen des 13. August, als Bautrupps mit Maurerkellen anrückten, um die Westsektoren der Stadt einzufrieden – bekanntlich stand wieder einmal der Weltfrieden auf dem Spiel – stieg ich am Malecón, der Uferpromenade von Havanna, ins Meer und ließ mich weit hinaustreiben. Ich spürte ein vages Unbehagen im Bauch – nicht aus Angst vor Haien, die in den trüben Abwässern der Metropole nach Eßbarem fischten, sondern beim Gedanken an meine Ostberliner Freunde, die lebendig eingemauert wurden. Aber damals glaubte ich noch an die Weisheit der Partei, die immer recht hat, und sagte mir, daß die Befestigung der Staatsgrenze den Krieg verhindert habe und daß die Mauer ein Bollwerk gegen den Faschismus sei.

Ich war eine Hundertfünfzigprozentige, wie gesagt: Meine

ideologischen Zweifel und politischen Bauchschmerzen hatte ich stets für mich behalten und außer meinen Eltern niemandem anvertraut. Doch nicht mein SED-Parteibuch hatte die beschleunigte Bearbeitung meines Ausreiseantrags bewirkt, sondern der Paß, den meine Eltern, durch Erfahrung gewitzt, mir in Buenos Aires hatten ausstellen lassen und den ich im argentinischen Konsulat in Westberlin regelmäßig verlängern ließ. Aller Parteipropaganda zum Trotz hielt sich die DDR an formales Recht, und die Reisebeschränkungen, die sie ihren eigenen Bürgern auferlegte, galten nicht für mich. »Mädchen«, sagte der Chef der Auslandsaufklärung, Generalmajor Markus Wolf, der mich am Tag vor dem Abflug nach Kuba in seinem Büro empfing, »vergiß nie, was du der Deutschen Demokratischen Republik verdankst, und halte ihr die Treue, egal, was passiert.« Bei diesen Worten sah er mich prüfend an, als stünde eine Betonmauer zwischen uns, die er mit Röntgenaugen durchdrang. »Eigentlich müßte ich Genossin zu dir sagen«, fuhr er fort, »denn du bist zwar in Argentinien geboren, aber Mitglied unserer Partei. Einmal Kommunist, immer Kommunist. Das Parteibuch der SED erlegt dir Pflichten auf, die mit dem Verlassen des Landes nicht automatisch erlöschen: Wachsamkeit gegenüber dem Feind, aber auch gegen falsche Verbündete, die den gemeinsamen Kampf in Mißkredit bringen. Unsere sowjetischen Freunde wollen wissen, was die Führer der kubanischen Revolution wirklich denken und auf welcher Seite sie stehen in dem ideologischen Streit, der das sozialistische Lager zu spalten droht. Besonders Che Guevara gilt in ihren Augen als unsicherer Kantonist. Hier ist eine Adresse und Telefonnummer, die du niemandem zeigen darfst. Am besten lernst du sie auswendig und wirfst den Zettel dann weg.«

Überflüssig zu sagen, daß ich von der konspirativen Adresse keinen Gebrauch zu machen beschloß. Trotzdem prägte ich mir die Telefonnummer ein, bevor ich das Papier der Flamme übergab, ohne zu ahnen, welche Prüfungen die Zukunft für mich noch *in petto* hielt.

8

Über den Wolken ist die Freiheit grenzenlos, dachte ich beim Blick in den trüben Himmel über Berlin, den das Flugzeug durchstieß, um mich, während eine Stewardess Speisen und Getränke servierte, immer höher und immer weiter zu tragen, von Prag und Paris bis zu den Azoren, wo die Maschine auftankte, bevor sie nach Kuba weiterflog. Das erste, was mir nach der Landung am Flughafen José Martí entgegenschlug, war ein Aroma, das ich zuletzt auf dem Empfang im Außenhandelsministerium gerochen hatte: Der Rauch einer Havanna-Zigarre, die der in meinem Paß blätternde Beamte zwischen den Zähnen hielt, vermischt mit dem Duft von frisch geröstetem Kaffee und dem schwülen Dunst der Tropennacht, gegen den ein altersschwacher Ventilator vergeblich ankämpfte. Es war fünf Uhr früh, und über dem Flugfeld ging die Sonne auf, während ein Zollbeamter unter einem Transparent mit der Aufschrift PATRIA O MUERTE lustlos in meinem Gepäck herumstocherte und mich gähnend ins Freie entließ, wo ich in einem Wald von Schildern meinen falsch geschriebenen Namen entdeckte und in einen ramponierten Straßenkreuzer stieg.

Beim ersten Rundgang durch Havanna ging es mir wie Alexander von Humboldt, dessen *Versuch über den politischen Zustand der Insel Cuba* ich im Flugzeug gelesen hatte: Ich war hin- und hergerissen zwischen der kolonialen Pracht der mit Pflanzenornamenten verzierten Fassaden, dem malerischen Anblick des Hafens mit dem Vorwerk El Morro und den nach Fäulnis und Zerfall stinkenden Gassen der Altstadt, durch die ich mir zwischen rumpelnden Lastwagen, hupenden Autos und schimpfenden Passanten einen

Weg bahnte, voller Angst, im Gestoße und Geschiebe meine Armbanduhr, Geld oder Paß loszuwerden. »Bei der Menge zarter Eindrücke vergißt der Europäer die Gefahr, welche ihm im Herzen der volkreichen Städte der Antillen droht«, heißt es treffend bei Humboldt. Aber nichts Verdächtiges geschah, abgesehen von einem Mestizen mit künstlich geglättetem Haar, der mich fragte, ob ich Dollars in Pesos umtauschen wolle, und vielsagend mit einem Bündel Banknoten wedelte. Schon damals waren Dollars Mangelware, und als ich ihm einen Hundertmarkschein zeigte mit dem Porträt von Karl Marx, ergriff er schleunigst die Flucht; vielleicht war es auch das Auftauchen einer Milizpatrouille, die ihn den Rückzug antreten und in einer dunklen Toreinfahrt verschwinden ließ. »Hay problemas, muchacha?« sagte der Milizionär, ein muskulöser Mulatte, der ein T-Shirt mit der Aufschrift EN CUBA SIEMPRE ES EL 26 über seiner Khakihose trug, und es war nicht ganz klar, ob er mich beschützen oder mit mir anbändeln wollte – vermutlich beides zugleich. »Vorsicht vor Schwarzhändlern,« sagte sein Vorgesetzter, ein mit einer tschechischen Maschinenpistole bewaffneter Sergeant, und die beiden setzten ihren Patrouillengang durch die Gassen der Altstadt fort.

Ich wohnte im Gebäude der ICAP, einem für internationale Delegationen reservierten Bürohochhaus mit Blick auf den Malecón, das tagsüber als Hotel und nachts als Bordell fungierte. Der Lift war ausgefallen, und auf den Treppen und Fluren herrschte ein ständiges Kommen und Gehen von ausländischen Besuchern mit einheimischer Begleitung, die aus blutjungen *Mulatas* bestand; tagsüber drang das Klappern von Schreibmaschinen, nachts lautes Gelächter und Gläserklirren aus den als Wohn- und Schlafzimmern genutzten Büros, aber manchmal war es auch umgekehrt, denn die kubanische Revolution hatte die Nacht zum Tage gemacht und die Teilung zwischen Liebe und Arbeit aufgehoben. Wie in der Utopie des jungen Marx wurde der Kopf zum Bauch und der Bauch zum Kopf. Morgens betätigte man sich als Revolutionär und abends als Restaurantkritiker; nachmittags ging man Angeln und nachts trieb man es mit einer Jinetera auf dem Sofa seines Büros. Mit *man* sind die Herren der Schöpfung gemeint, nicht ich – die Frauenemanzipation steckte damals noch in den Kinderschuhen.

In den ersten Wochen meines Aufenthalts habe ich selten länger als vier Stunden geschlafen, und das lag nicht an meinem durch den Ortswechsel gestörten Zeitgefühl. Wie im gleichnamigen Roman von Hemingway feierte Havanna eine endlose Fiesta, bei der statt spanischem Rotwein Rum und statt Stierblut Menschenblut floß, wenn die Zuschauer sich im Sportstadion versammelten, um der Erschießung von Konterrevolutionären beizuwohnen, im Volksmund *gusanos* (Würmer) genannt. Ich verzichtete auf das blutige Spektakel und antichambrierte statt dessen in Ministerien, die mich von einem Vorzimmer zum nächsten schickten, denn obwohl oder weil mich Ernesto Che Guevara persönlich nach Kuba eingeladen hatte, war keine Dienststelle für meinen Aufenthalt zuständig. Schon bald fand ich heraus, daß das Pantheon der Revolution zwar aus Fidel und Raúl Castro, Che Guevara und dem verstorbenen Camilo Cienfuegos bestand, die im Olymp hoch über den gewöhnlichen Sterblichen thronten, daß unterhalb dieser Königsebene aber niedere Dämonen mit unaussprechlichen Namen regierten. Wie im nachrevolutionären Rußland war auf Kuba das Abkürzungsfieber ausgebrochen: AJR, CDR, ICAP, MINFAR, MINIT, UIE, UNEAC – so hießen die heimlichen Herrscher des Landes, ohne deren Plazet man kein Flugticket und kein Hotelzimmer, keinen Platz im Theater und keinen Tisch im Restaurant bekam – nur Rum und Zigarren waren damals noch nicht rationiert.

In meiner Not wandte ich mich an Alicia Alonso, Kubas gefeierte Ballettänzerin, deren Truppe ich bei ihrem Auftritt in Berlin als Dolmetscherin betreut hatte. »Qué lástima«, sagte die Primaballerina und küßte mich mit ihrem kirschroten Mund, »warum bist du nicht früher zu mir gekommen! Che ist zum freiwilligen Arbeitseinsatz in Camagüey, aber *El Caballo* hält heute eine Rede im Sportpalast. Wenn du willst, gehen wir zusammmen hin.« – »Ein sprechendes Pferd?« – Ich kam aus dem Staunen nicht heraus. Alicia lachte. »Das ist der Spitzname von Fidel, du Dummerchen, denn er schläft nie und arbeitet wie ein Droschkengaul.« Sie sah auf die Uhr. »Wir gehen lieber ein bißchen später hin, weil manchmal unter der Tribüne eine von *gusanos* gelegte Bombe explodiert. Außerdem ist *El Caballo* extrem unpünktlich.«

Alles kam so, wie es Alicia Alonso vorausgesagt hatte. Um acht Uhr ging eine in der Herrentoilette versteckte Bombe hoch, die niemanden verletzte, weil sich nur Frauen im Sportpalast versammelt hatten, um ihr Idol reden zu hören – das hatten die dummen *gusanos* nicht bedacht! Als Fidel Castro gegen zehn endlich erschien, brach hysterischer Jubel los, dessen Lautstärke die Schußsalven der im Stadion angetreten Sportschützen übertönte. Die Mitglieder des revolutionären Frauenverbands, junge Mädchen, Mütter und Großmütter in olivgrüner Milizuniform, schrien sich heiser, klatschten und trampelten so wild, daß die Tribüne zu beben begann. Erst als ein nur aus Frauen bestehendes Orchester die Hymne des 26. Juli intonierte, kehrte Ruhe ein, und Fidel trat mit erhobenen Armen vor sein Publikum. »Mütter und Töchter der Revolution«, mit diesen Worten begann der *Jefe Supremo* seine mit Spannung erwartete Rede: »Unsere Feinde sagen, daß es Schwierigkeiten gibt in Kuba. Unsere Feinde haben recht – es gibt Schwierigkeiten in Kuba.« Der Rest der dreistündigen Rede ist mir entfallen, nur an die Wortkette *imperialismo, colonialismo, capitalismo, razismo, fascismo* erinnere ich mich noch, und daran, daß Fidel Castro nervös am Halfter seiner Pistole nestelte, während der Ruf *¡Patria o muerte – venceremos!* durch das Stadion brandete, in den ich, von der Begeisterung angesteckt, einstimmte.

9

Am nächsten Tag überbrachte mir ein Bote die wie ein Befehl klingende Einladung, mich kurz vor Mitternacht in der Staatsbank einzufinden. In Berlin waren die Banken nur bis fünf, in Buenos Aires nur vormittags geöffnet, und außer Nachtwächtern und Bankräubern trieb sich kein Mensch zu so später Stunde dort herum. Ich hatte keine Ahnung, was mir die Ehre verschaffte; meine Devisen hatte ich bei der Einreise ordnungsgemäß deklariert, und um ein Konto einzurichten, fehlte mir das nötige Geld. Ringsum lag alles in tiefer Dunkelheit, aber das mit Sandsäcken verbarrikadierte Gebäude war trotz der Stromsperre von Scheinwerfern angestrahlt. In der dämmrigen Schalterhalle drängten sich Besucher, die, ihrem Porteño-Akzent nach zu urteilen, aus Buenos Aires stammten. Auf Nachfrage erfuhr ich, daß es sich um Abgeordnete linker Parteien handelte, die eine Solidaritätsreise nach Kuba unternommen hatten, um sich an Ort und Stelle über die Fortschritte der Revolution zu informieren. Für diesen Abend war eine Begegnung mit Ernesto Che Guevara angesagt, dessen Name, seit *Time* ihn zum Mann des Jahres ernannt hatte, auch in Argentinien berühmt zu werden begann; bekanntlich gilt der Prophet nur wenig im eigenen Land. Kurz vor Mitternacht betrat Che Guevara die Schalterhalle; er trug die gleichen Schnürstiefel und denselben olivgrünen Kampfanzug wie in Leipzig und Berlin, aber er sah noch blasser und noch müder aus. Che schnallte das Pistolenhalfter ab, legte die Waffe vor sich auf den Tisch und hielt, auf und ab gehend, eine improvisierte Ansprache, in der er seine Focus-Theorie erläuterte und darlegte, wie aus einem Nucleus von sechs Guerrilleros in der Sierra de Córdoba über Nacht sechzig werden, dann

600 und schließlich 6000, die siegreich in Buenos Aires einrücken. »Gibt es Fragen dazu?« Er legte seine in Stiefeln steckenden Füße auf den Tisch und zündete sich eine Zigarre an. »Alles schön und gut«, sagte Osvaldo Bayer, ein linker Literat, der ein Buch über nach Patagonien verbannte Anarchisten geschrieben hatte, »aber eine Revolution ist kein Kinderspiel, und anders als Kuba hat Argentinien eine moderne, schlagkräftige Armee.« – »Das ist ein typisch kleinbürgerliches Argument, und wer so an die Sache herangeht, hat den Kampf schon verloren, noch bevor er richtig begonnen hat. Gibt es keine substanzvolleren Einwände? Dort hinten sehe ich eine Wortmeldung.« – »Könnten Sie uns erklären, was ein Focus ist«, sagte ich aus der letzten Reihe heraus. »Die Bedeutung des Wortes ist mir nicht klar. Was genau meinen Sie damit?« Che Guevara holte zu einer langen Rede aus, deren Sinn mir entfallen ist, obwohl ich sie Wort für Wort mitschrieb. Als ich von meinem Notizblock aufblickte, war die Schalterhalle leer. Che drückte seine Zigarre aus, schnallte sich das Pistolenhalfter um und führte mich in das angrenzende Büro, um mir seine Focus-Theorie zu erläutern, wie er lächelnd hinzufügte.

Er goß kochendes Wasser in eine Thermosflasche und schenkte mir Mate-Tee ein, den seine Mutter ihm regelmäßig per diplomatischen Kurier aus Buenos Aires zukommen ließ. Während Che im Duschraum verschwand, fand ich Zeit, mich in seinem Büro umzusehen. An den Wänden hingen dreiarmige Leuchter, deren gedämpftes Licht sich auf den Lehnen der Stühle und der blankpolierten Platte des Schreibtischs spiegelte. Die heruntergelassene Jalousie wurde von einem theatermäßig drapierten Vorhang umrahmt, und der Boden war mit flauschigem Teppichboden belegt, in den ich bei jedem Schritt tiefer einsank. Ledersessel, ein Rauchtisch mit Marmoraschenbecher und einem wie eine Handgranate geformten Feuerzeug, Stapel von Aktenordnern, Büchern und Zeitschriften ergänzten die Einrichtung, die eher zu einem Bankdirektor gepaßt hätte als zu einem Partisanenkämpfer. »Compañero«, sagte ich, als Che frisch gewaschen und gekämmt aus der Dusche trat, »yo he sido americana, si quieres que te sirva, cuídame, engrásame« – ein anzüglicher Slogan, der in Havanna auf zahlreichen Plakaten zu lesen war und ungefähr so zu übersetzen ist: »Ich bin eine amerikanische Limousine, und wenn ich dir zur Verfügung stehen soll, mußt du mich sorgfältig ölen und pflegen.«

10

Ich weiß nicht, ob man die Stunden, die ich auf dem Ledersofa in Ches Büro zubrachte, als Liebesnacht bezeichnen kann. Der Mate-Tee hielt mich wach, und aus dem Nebenzimmer, dessen Tür offenstand, waren regelmäßige Atemzüge zu hören, die manchmal aussetzten und sich in Hustenanfällen entluden. Um sechs Uhr klingelte das Telefon, und als Che sich nicht regte, trat ich an sein Bett, um ihn zu wecken. Er tastete im Halbschlaf nach seiner Pistole, aber als er mein Gesicht über sich sah, lächelte er und zog mich mit den Worten: »Der Revolutionär muß von einer großen Liebe zur Menschheit erfüllt sein«, zu sich ins Bett. Hinterher fragte er mich, ob ich ihn zum freiwilligen Arbeitseinsatz nach Camagüey begleiten wolle. Im Gegensatz zu meinen ostdeutschen Kommilitonen hatte ich mich nie vor der Teilnahme am Subbotnik gedrückt und willigte sofort ein. In den folgenden Wochen verbrachten wir eine Art Honeymoon auf Baustellen und Zuckerrohrfeldern, wo Che mit Maurerkelle und Machete hantierte, während ich die Campesinos Lesen und Schreiben lehrte; auf diese Weise lernte ich nicht nur die entlegensten Winkel der Insel, sondern auch die Sorgen und Nöte ihrer Bewohner kennen. Manchmal vertauschten wir die Rollen, und ich schippte Sand für den Bau einer nach Camilo Cienfuegos benannten Schule, während Che ABC-Schützen unterrichtete; getreu der Devise von Marx, den Unterschied von Kopf- und Handarbeit aufzuheben, brachte er mir bei, daß Liebe Arbeit ist. Erst am späten Nachmittag erschien Che in seinem Büro, wo er bis zum Morgengrauen am Schreibtisch saß. Er war gefürchtet für seinen Arbeitseifer, den nur wenige Kubaner teilten und über den viele hinter vorgehaltener Hand spöttelten. Der einzige Fleck auf seiner blütenweißen Weste war, daß Che mit seiner von einem Privatpiloten gesteuerten Cessna zu Baustellen und Zuckerrohrfeldern flog, auf denen es weder Zementmaschinen noch Traktoren und nicht einmal Schubkarren gab; selbst Schaufeln und Macheten waren Mangelware in Kubas permanenter Revolution. Aber das war nicht der einzige wunde Punkt: Nach der Scheidung von seiner ersten Frau hatte Che die Mutter seiner kleinen Tochter geheiratet, die im Herbst ihr zweites Kind erwartete, und rivalisierende *comandantes*, denen sein moralischer Rigorismus auf die Nerven ging, ließen keine Gelegenheit aus, ihn bei Fidel Castro anzuschwärzen. Obwohl Che sich um Diskretion bemühte, war der Inlandsgeheimdienst über alles informiert, und seine Gegner streuten Gerüchte, der selbsternannte Saubermann sei in Wahrheit ein Casanova, der seine schwangere Frau betrog – noch dazu mit einer Ausländerin, die es verdächtig schnell geschafft habe, in den inneren Kreis der Macht vorzudringen. Politisch erschwerend kam hinzu, daß Fidels sowjetische Berater Che beschuldigten, bei seinem Besuch in Peking auf die chinesische Linie eingeschwenkt zu sein; während er mit Nikita Chruschtschow nur anderthalb Stunden konferierte, habe er beim Tee mit Mao Tse-tung den ganzen Nachmittag verplaudert und mehr als nur diplomatische Höflichkeiten ausgetauscht; dafür sei das beiderseitige Verständnis viel zu innig gewesen.

11

Jeder Honeymoon hat ein Ende, und vor die Wahl gestellt zwischen Liebe und Politik, entschied Che Guevara sich gegen mich und für die Revolution. Dem Vernehmen nach war dafür eine Unterredung mit Fidel Castro ausschlaggebend, der ihn ultimativ aufgefordert haben soll, sein Privatleben in Ordnung zu bringen und auf die Parteilinie einzuschwenken. In diesem Loyalitätskonflikt zögerte Che keinen Augenblick getreu seiner Devise, daß Revolutionäre ihr Gefühlsleben nicht auf demselben Niveau verwirklichen wie gewöhnliche Sterbliche: »Ein Mensch, der sein ganzes Leben der Revolution weiht, darf sich nicht ablenken lassen durch den Gedanken an das, was einem Kind fehlt.« Che opferte unser Glück auf dem Altar der Pflicht, so wie er die Gegenwart der Zukunft und sein eigenes Leben der Revolution geopfert hat. Aber das Verbot ist der Motor der Lust, und die aus dem Tagesbewußtsein verdrängten Wünsche meldeten sich im Schutz der Dunkelheit als monströse Begierden zurück: *El sueño de la razón produce monstruos.*

Nach Mitternacht – ich hatte mein Studium des *Kapitals* von Marx beendet und gähnend das Licht gelöscht – klingelte in meinem Apartment das Telefon und ein asthmatisches Keuchen verriet, wer am anderen Ende der Leitung war. Aus Angst, abgehört zu werden, nannte Che seinen Namen nicht, und je nachdem, ob er das Telefon drei oder sechs Mal klingeln ließ, hieß das, daß ich mich eine halbe Stunde später am Denkmal von Antonio Maceo oder auf der Plaza de Armas einzufinden hatte, wo er mich im Auto aufnahm. Wir liebten uns auf dem Rücksitz seines zerbeulten Cadillac, stehend in einem finsteren Hauseingang oder an der Mauer des Malecón, über den die Gischt der Atlantikdünung sprühte – bis Che eines Nachts feststellte, daß uns ein Jeep ohne Nummernschild gefolgt war, der mit abgeschalteten Scheinwerfern in sicherer Entfernung parkte. *Schimären* nannte er die verdächtigen Automobile, die sich lautlos an unsere Fersen hefteten und selbst durch riskante Überholmanöver nicht auszutricksen waren; gelang es ihm nach einer rasanten Verfolgungsjagd, die Beschatter abzuschütteln, bog ein Taxi ohne Nummernschild um die nächste Ecke und raste mit abgeblendeten Scheinwerfern hinter uns her. Che äußerte scherzhaft die Vermutung, die Geisterautos führen ohne Chauffeur und würden per Knopfdruck in der Zentrale von *Big Brother* persönlich gelenkt. Um der permanenten Kontrolle zu entgehen, verlegten wir unser Rendezvous an die Playa del Este außerhalb der Stadt, bis wir einen hinter einer Sanddüne geparkten Kleinbus entdeckten, dessen Fahrer mit einem Nachtsichtgerät den Strand beobachtete; als Che den Mann zur Rede stellte, gab dieser Gas und fuhr wortlos davon. In einem klärenden Gespräch, um das er Castro gebeten hatte, bezeichnete Che die zu seiner Überwachung angeordneten Maßnahmen als stalinistisch – ein Ausdruck, den er im Hinblick auf Kuba sonst immer vermied. Fidel Castro reagierte kühl; er nahm ein Buch aus dem Regal, schlug es auf, und las einen mit Rotstift markierten Absatz vor: »Es handelt sich nicht darum, wieviel Kilo Fleisch man ißt, noch darum, wie oft man an den Badestrand kann, noch darum, wieviel importierte Luxusartikel man sich mit den gegenwärtigen Löhnen kaufen kann. Es handelt sich darum, daß sich das Individuum innerlich reicher fühlt. Der Mensch unseres Landes weiß, daß die glorreiche Epoche, in der er lebt, eine Epoche des Opfers ist.« Fidel Castro ging mit hinter dem Rücken verschränkten Armen in seinem Büro auf und ab. Dann blieb er stehen und fuchtelte mit den Händen wie ein Volkstribun – in diesem Augenblick, sagte Che später, habe er nicht wie Simón Bolivar, sondern wie Benito Mussolini ausgesehen. »Du weißt, wer solchen Unsinn verzapft. Der Text stammt von dir, du hast ihn selbst geschrieben, und du kennst das Opfer, das wir von dir verlangen. Das letzte Mal habe ich dich um einen persönlichen Gefallen gebeten:

Diesmal ist es ein militärischer Befehl. – Es ist mir egal«, fügte Fidel Castro, in der Tür stehend, hinzu, »mit wem du deine Frau betrügst. Aber deine Methoden der Wirtschaftsplanung bringen das Volk gegen uns auf. Das hat nichts mit Stalinismus zu tun – es ist schlichte Inkompetenz!«

12

Am nächsten Tag schrieb Che seinen erst Jahre später veröffentlichten Abschiedsbrief an Fidel, in dem er diesem die kubanische Staatsangehörigkeit zurückgab, aber der Revolution die Treue hielt, indem er sie nach Südamerika zu exportieren beschloß. Dabei dachte er in erster Linie an die Sierra de Córdoba in Argentinien oder an ein angrenzendes Land, aber weil ein Revolutionär überall in der Welt zu Hause ist, schloß er auch Afrika aus seinen Überlegungen nicht aus. Fidel Castro scheint seine harschen Worte im Nachhinein bereut zu haben, denn trotz des damit verbundenen Risikos unterstützte er Ches Pläne und stellte ihm Waffen, Geld und logistische Hilfe in Aussicht, so weit Kubas beschränkte Ressourcen dies zuließen. Vielleicht steckte hinter der Großzügigkeit auch politisches Kalkül, denn Castro konnte es sich nicht leisten, Guevara öffentlich bloßzustellen und seinen populärsten Mitstreiter im Orkus der Geschichte verschwinden zu lassen, wie Stalin dies mit Trotzki getan hatte – das hätte seine internationale Glaubwürdigkeit unterminiert.

Che reiste von einem Solidaritätskongreß zum nächsten und repräsentierte Kuba erfolgreich auf dem diplomatischen Parkett, nicht im Zweireiher, sondern im grünen Kampfanzug, der ihm zur zweiten Haut geworden war. Neben der öffentlichen gab es noch eine geheime Agenda: Auf allen Kontinenten, die er besuchte, kundschaftete Che Möglichkeiten und Chancen des Guerrilla-Kriegs aus, und getreu der Devise, daß Theorie und Praxis zwei Seiten derselben Sache sind, prüften wir gemeinsam, ob das Terrain für die Schaffung eines revolutionären Focus geeignet war. Unter dem Vorwand, eine private Dolmetscherin zu benötigen, ließ Che mir ein Flugticket zukommen, und wir trafen uns unter konspirativen Umständen, im Hinterzimmer eines Genfer Hotels, in einem Lastenaufzug in Prag oder in einer schäbigen Absteige in Algier, um den Blitzlichtern der Fotografen zu entgehen, die wie die Schimären des Geheimdiensts hinter jeder Ecke lauerten.

Unsere Wege trennten sich, als Che nach Daressalam flog, um von hier aus eine revolutionäre Basis im Osten des Kongo aufzubauen, dessen Hoffnungsträger Patrice Lumumba von Söldnern des CIA ermordet worden war. Während Che sich am Ufer des Tanganjika-Sees mit Malaria und Moskitos herumplagte und mit der Indolenz der Kongolesen, die in Scharen zum Feind überliefen – ihr Anführer Kabila logierte während dessen in einem Kairoer Luxushotel – kehrte ich nach Kuba zurück, ohne meine Eltern in Ostberlin wiedergesehen zu haben – nicht aus Herzlosigkeit, sondern aus Gründen der Konspiration. Mein Leben in Havanna hatte eine Tag- und eine Nachtseite: Offiziell arbeitete ich als Übersetzerin im Bildungsministerium und betreute Besucherdelegationen aus der DDR, inoffiziell wurde ich für den operativen Einsatz im Partisanenkrieg geschult. Ich trug die Uniform der kubanischen Miliz, gewann den zweiten Preis beim Schießwettbewerb der Ministerien und erklomm den höchsten Berg der Insel, den Pico Turquino. Zur Tarnung verlobte ich mich mit meinem Ausbilder Ulisses Estrada, der ein melancholisches Abschiedsgedicht schrieb, als ich im April 1964 Kuba für immer verließ, um meine Ideale in anderen Ländern der Welt zu verwirklichen, wie ich meinen Eltern vage andeutend mitteilte. Das einzige Lebenszeichen, das sie von mir erhielten, während ich unter falschen Namen durch Europa reiste, war ein Zeitungsausschnitt mit verschlüsselten Hinweisen auf meine neue Identität. In Paris hieß ich Haydée Bidel Gonzalez, in Westberlin Maria Iriarte, und mit einem argentinischen Paß auf den Namen Laura Gutiérrez Bauer landete ich am Vorabend meines 27. Geburstags auf dem Flughafen der bolivianischen Hauptstadt La Paz.

13

Auf den voraufgegangenen Seiten habe ich Vorgänge, die sich über Jahre hinzogen, in wenigen Sätzen zusammengefaßt – nicht aus Schreibfaulheit, sondern aus Gründen der Geheimhaltung, die wie jedes Gelübde über den Tod hinaus gilt, damit durch die Indiskretion einer Verstorbenen kein Lebender in Gefahr gerät. Nur soviel darf ich verraten: Meine Aufgabe bestand darin, in La Paz eine städtische Nachschubbasis für die Guerrilla aufzubauen, die im Südosten des Landes an der Grenze zu Paraguay und Argentinien operieren sollte. Ursprünglich hatte Che Bolivien für ungeeignet gehalten, zum Ausgangspunkt einer revolutionären Bewegung zu werden, weil es keinen Zugang zum Meer besaß und weil die Lage der Indios sich durch eine Landreform verbessert hatte. Aber gerade das Fehlen einer entwickelten Infrastruktur und die Tatsache, daß das Land in kein strategisches Kalkül paßte, ließen ihn schließlich doch für Bolivien optieren. Dabei war doppelte Wachsamkeit geboten: Nicht nur gegenüber den Agenten der CIA, die Ches Aufenthaltsort auszuspähen versuchten, sondern auch gegenüber der moskauhörigen kommunistischen Partei, die ihre mühsam errungene Legalität nicht durch revolutionäre Abenteuer gefährden wollte. Erst kürzlich hatte der Chefideologe der KPdSU, Michail Suslow, ohne Che beim Namen zu nennen, vor kleinbürgerlichen Revoluzzern gewarnt und jeden Versuch, den *Status quo* gewaltsam zu verändern, als Spiel mit dem Feuer verdammt. Aber auch von maoistischen Studenten, die ihre Bereitschaft zum bewaffneten

Kampf allzu laut hinausposaunten, war keine praktische Hilfe zu erwarten; nur auf wenige in Kuba geschulte Gewerkschaftsaktivisten war Verlaß. Als deutsch-argentinische Folkloreforscherin, die indianische Volksmusik und Keramik sammelte und zu Exkursionen in entlegene Andentäler fuhr, hatte ich ein wasserdichtes Alibi. Um meine Tarnung perfekt zu machen, heiratete ich zum Schein einen Ingenieur und erwarb so, auf legalem Weg, die bolivianische Staatsbürgerschaft. Und um Zugang zu Regierungskreisen zu erlangen, gab ich Söhnen und Töchtern der besseren Familien Deutschunterricht.

La Paz liegt 3.800 Meter über dem Meer, und die dünne Luft ist nur atembar, wenn man ständig Mate de Coca trinkt, aus Coca-Blättern gebrauten Tee, der denselben Wirkstoff enthält wie Kokain. In den ersten Wochen war mir ständig schlecht, und um auf andere Gedanken zu kommen, besuchte ich ein Filmkunstkino auf dem Gelände der Universität. An diesem Tag lief der japanische Klassiker *Die sieben Samurai*, ein Film der mir ausnehmend gut gefiel, weil er zeigte, wie eine kleine Gruppe zu allem entschlossener Kämpfer einen militärisch überlegenen Feind besiegt. Während ich an Ramón dachte – unter diesem Decknamen baute Che im Dschungel bei Camiri sein Basislager auf – fragte mich die neben mir sitzende junge Frau, ob ich aus Argentinien sei. Wir machten uns miteinander bekannt, und Yolanda – so hieß die Frau – lud mich in ihre Keramikwerkstatt ein. Ich gab mich als Studentin aus, die das Töpferhandwerk erlernen wollte, und kam beim Besuch von Yolandas Atelier aus dem Staunen nicht mehr heraus. Der mit Teppichen aus Lamawolle ausgelegte Raum war vom Boden bis zur Decke mit präkolumbianischer Kunst gefüllt, anthropomorphen Figuren und Gefäßen aus gebranntem und bemaltem Ton, die aus dem untergegangenen Reich von Tiahuanaco und der geheimnisvollen Mochica-Kultur stammten. Der Alltag dieser Menschen, die tausend Jahre vor Ankunft der Spanier in den Hochtälern der Anden und in der peruanischen Wüste gelebt hatten, trat plastisch aus dem Dunkel der Geschichte hervor: Aussaat und Ernte, Schwangerschaft und Geburt, Kindheit und Alter, sportliche Wettkämpfe, religiöse Feste mit Tier- und Menschenopfern, Hexen und Heiler, Krüppel und Kranke, Siechtum und Tod – all das wurde dem Betrachter handgreiflich vor Augen geführt, einschließlich der von der Zivilisation tabuisierten Sexualität: Anal- und Oralverkehr, Geschlechtsakte mit Tieren und Pflanzen, Selbstbefriedigung und Homosexualität. Beim Betrachten einer knienden Frauenfigur, die den erigierten Penis eines Skeletts masturbierte, verlor ich das Gleichgewicht und riß die Tonskulptur vom Regal, die beim Aufprall in Stücke zersprang. »Macht nichts«, sagte Yolanda lachend und schenkte mir den von der Frauenfaust umschlossenen Penis als Souvenir. »Oder hättest du lieber den abgeschlagenen Kopf, der bei den Indios als Glücksbringer gilt?« Und zum Beweis für das Weiterleben altindianischer Bräuche sang sie ein Ketschua-Lied, dessen Text auf deutsch übersetzt so lautete:

Trinken werde ich aus deiner Hirnschale,
mich schmücken mit deinen Zähnen,
Flöten schnitzen aus deinen Gebeinen,
und tanzen nach dem Klang deiner Haut,
die meine Trommel spannt.

»Das Lied stammt aus Camiri«, sagte Yolanda, während sie mich zur Tür geleitete, »einem Dschungelkaff im Südosten Boliviens, unbeleckt von jeder Kultur.«

14

Ich weiß nicht, welcher Teufel mich geritten hat, als ich mit dem Jeep nach Camiri fuhr. Vielleicht war es Mephisto, der in Auerbachs Keller Faust und Gretchen zum Tanz aufspielt, oder ein bolivianischer Teufel, wie ich ihn beim Karneval in

Oruro und auf den Volksfesten der Indios gesehen hatte: Aí-Apaec vielleicht, der Gott mit den Reißzähnen, auch Kopfabschneider genannt. Bis dahin hatte ich alle Weisungen der Zentrale stets widerspruchslos befolgt. Ches Wünsche waren mir Befehl, und er hatte mir ausdrücklich verboten, ohne vorherige Absprache nach Ñancahuazú zu kommen, um die Geheimhaltung nicht zu durchbrechen und die Sicherheit des Camps dadurch leichtsinnig zu gefährden. Ich tat das Gegenteil von dem, was mir aufgetragen worden war. Eine Freudsche Fehlleistung? Aber die Schriften von Freud standen auf dem Index in der DDR, und anders als in Buenos Aires war die Psychoanalyse in Havanna als spätbürgerlich und dekadent verpönt. Die einen sagen, meine unerwiderte Liebe zu Che hätte mich blind gemacht für die tödliche Gefahr, in die ich ihn und seine Leute brachte; die anderen behaupten, der Verstoß gegen die Parteidisziplin habe einen höheren oder tieferen Sinn gehabt, denn ohne meine Mithilfe wären die Kuriere aus Buenos Aires, Bustos und Danton, nie nach Ñancahuazú gelangt. Wieder andere behaupten, das wäre besser so gewesen, denn die Anwesenheit des argentinischen Malers und des Pariser Schöngeists hätte die ohnehin prekäre Lage des Camps noch verschärft. Alle diese Argumente sind falsch, denn individuelles Glück ist im Bauplan der Natur nicht vorgesehen, und Freiheit ist Einsicht in die Notwendigkeit. Der erste Gedanke stammt von Sigmund Freud, der zweite von Friedrich Engels. Beide haben recht, und das deprimierende Fazit lautet, daß ich mich, vor eine unangenehme Wahl gestellt, falsch entschied.

Ich ließ das Auto mitsamt meinen Habseligkeiten – Tonbänder, Fotos und ein Notizbuch mit Telefonnummern – in Camiri zurück und machte mich zusammen mit Ciro Bustos und Danton auf den beschwerlichen Weg nach Ñancahuazú. Der Jeep war auf meinen Namen registriert, und ich rechnete nicht damit, daß die Armee Camiri besetzen und den Wagen durchsuchen würde. Als wir in Ñancahuazú eintrafen, war Ches Kolonne ausgerückt zu einem mehrwöchigen Marsch, und das Camp wurde von Bolivianern bewacht, denen ich nicht über den Weg traute. Während wir auf Ches Rückkehr warteten, schrieb ich, in der Hängematte liegend, ein Gedicht, das nicht so martialisch wie Yolandas Ketschua-Lied, aber nicht weniger prophetisch war:

Wird mein Name eines Tages nichts sein?
Lasse ich nichts zurück auf dieser Erde –
wenigstens eine Blume, wenigstens ein Lied?
Oder bin ich umsonst auf die Welt gekommen:
Ein vom Wind verwehtes, verwelktes Blatt?

Bei seiner Ankunft in Ñancahuazú bekam Che einen Wutanfall, als er mich unter den im Lager zurückgebliebenen Männern erblickte. Ich war die einzige Frau im Camp: die Entdeckung des Jeeps hatte mir den Rückweg nach La Paz abgeschnitten. Und was noch schlimmer war – meine Enttarnung hatte zwei Jahre geduldiger Arbeit zunichte gemacht und das Leben seiner Kämpfer in Gefahr gebracht. Che wies mir eine Hängematte im Zentrum des Lagers zu und verbot mir, nächtlichen Besuch zu empfangen; er selbst machte einen Bogen um mich und vermied jedes persönliche Gespräch.

Ich hatte Verständnis für Ches Frustration. Sieben endlose Wochen lang war er mit seinen Leuten dem Lauf des Masicurí und des Rio Grande gefolgt, geplagt von Asthma-Anfällen und *Boro*-Fliegen, deren unter der Haut abgelegte Eier eitrige Entzündungen verursachten. Die Guerrilleros mußten sich mit Macheten den Weg bahnen durch ein fast menschenleeres Land, in dem es kein jagdbares Wild, keine Felder und Ansiedlungen gab. Sie litten Hunger und Durst, und als die Lebensmittelvorräte aufgebraucht waren, schlachteten sie ihr letztes Pferd, was zu einer Freßorgie und Durchfallepidemie führte. Auf dem Marsch waren Bergpässe, tiefe Schluchten und reißende Ströme zu überwinden, bei deren Durchquerung ein Floß mit Rucksäcken, Gewehren und Munition kenterte und zwei Männer der Nachhut ertranken. Nach der Rückkehr von der Erkundungsmission sah Che erschreckend aus: Seine Hände und Füße waren geschwollen, er hatte zehn Kilo abgenommen und litt an Atembeschwerden. Selbst wenn er dies gewollt hätte, hätte er nicht mehr zu mir in die Hängematte kriechen können. Noch dazu traf er in Ñancahuazú ein unbeschreibliches Chaos an: Das Benzin für den Generator war aufgebraucht, und das Funkgerät funktionierte nicht mehr; die in La Paz gekauften Radioröhren waren beim Transport über holprige Pisten zerbrochen, die aus Kuba geschickten Walkie-talkies technisch defekt. Damit hatte das Basislager keine Verbindung mehr mit der Außenwelt.

Wie in jeder ausweglosen Situation ergriff er die Flucht nach vorn: *Die Schiffe verbrennen* nennt man diese Strategie, die Cortez bei der Eroberung Mexikos erfolgreich vorexerziert hat. Che beschimpfte seine Männer als Feiglinge und Verräter, kürzte ihnen die Essensrationen und rief sie gleichzeitig zum Kampf bis zum Endsieg auf. »Schaffen wir zwei, drei, viele Vietnam«, schrie er mit überschnappender Stimme, während ein Aufklärungsflugzeug über die Baumwipfel hinwegdonnerte, »wenn es sein muß, stecken wir die ganze Welt in Brand!« Dabei sah er nicht mehr aus wie Cortez, sondern wie Hitler in der brennenden Reichskanzlei – ein obszöner Vergleich, den ich mir früher nie gestattet haben würde. Aber anders als der Führer des Großdeutschen Reichs, der sich von einem Standesbeamten namens Richard Wagner mit Eva Braun trauen ließ, bevor er Selbstmord beging, bot Che mir nicht die Ehe an, denn er war schon verheiratet.

15

In Anerkennung meiner Verdienste hatte Fidel Castro mich *in absentia* zum Ehrenmitglied der Partei ernannt, aber das war nichts im Vergleich zu dem erhebenden Moment, als Che mir ein M-1 Gewehr übergab. Mit dieser symbolischen Geste nahm er mich in die Reihen seiner Partisanen auf. Eine andere Option hatte er nicht mehr: Alle Versuche, Ciro Bustos und Danton über Gutiérrez auszuschleusen, waren gescheitert, und der Rückweg nach La Paz wurde von der Armee blockiert. Am 16. April um sieben Uhr verließ die Hauptgruppe das Lager, um durch den Marsch zum Rio Ikira den Belagerungsring zu sprengen. Ich hatte Probleme mit meiner Ausrüstung: Meine Hose rutschte, die Stiefel paßten mir nicht, und schon auf den ersten Kilometern lief ich mir die Füße wund. Ich hatte unruhig geschlafen, war von Mücken zerstochen, und hatte schon früh am Morgen erhöhte Temperatur; obwohl der hinter mir gehende Guerrillero, der für meine und Ches Sicherheit zuständig war, mich zur Eile anspornte, blieb ich immer weiter hinter der Hauptgruppe zurück. Mir war schwindlig und schlecht. Ich bemühte mich, die Krankheitssymptome zu verbergen, aber als Che während der Mittagsrast meine Temperatur maß, stand die Quecksilbersäule auf über 39 Grad. Zusammen mit dem ebenfalls erkrankten Alejandro ließ er mich in der Obhut von El Negro und Serapio am Rio Ikira zurück. Von hier aus sollte ich nach kurzer Rekonvaleszenz wieder zur Hauptgruppe stoßen, aber es kam anders. Mein Fieber stieg weiter, und am nächsten Tag teilte Che seine Partisanenarmee in zwei Kolonnen auf: Um der Umzingelung zu entgehen, brach die von ihm selbst geführte Vorhut zu einem Gewaltmarsch nach Muyupampa auf; kranke, schwache und politisch unzuverlässige Kämpfer blieben unter dem Kommando von Joaquín in Bella Vista zurück. So hieß der von Moskitos verseuchte Dschungel am Ufer des Rio Ikira, aus dem es bald kein Entkommen mehr gab: Ein Kessel mit nur einem Ausgang – die klassische Katastrophensituation.

Unsere Agonie, die ich hier in wenigen Sätzen zusammenfasse, zog sich qualvoll in die Länge, weil wir versäumt hatten, einen festen Treffpunkt zu vereinbaren. Drei Monate lang spielten wir Blindekuh mit Ches Leuten, denen wir, ohne es zu wissen, bis auf Rufweite nahekamen – einmal wechselten wir sogar Schüsse mit ihnen – und irrten, auf der Flucht vor der Armee, die uns dicht auf den Fersen blieb, im unwegsamen Terrain zwischen Muyupampa und Ñancahuazú herum, bis uns endlich der Durchbruch nach Norden gelang. Ich weiß noch, mit welchen Gefühlen ich ans Ufer des Rio Grande trat, der sich über den Rio Madeira in den Amazonas ergießt: Kein Fluß ohne Wiederkehr, sondern ein Zugang zum Meer – von dort war es nur noch ein Katzensprung nach Buenos Aires, Havanna oder Berlin. Bald würden Hunger und Durst, die Fieber- und Durchfallattacken und die zermürbenden Streitereien ein Ende haben, dachte ich, während ich einen überhängenden Zweig zur Seite bog und auf das quirlende Wasser blickte, das eine nur für mich bestimmte Botschaft zu enthalten schien. Hier, an der Furt des Vado del Yeso, würde ein Campesino uns bei Einbruch der Dämmerung erwarten, um uns auf die andere Seite des Flusses zu führen, zurück in die Zivilisation. Honorato Rojas, so hieß der Mann, kam uns genauso vertrauenswürdig vor wie sein Vorname, denn er hatte Wort gehalten und die versprochenen Lebensmittel geliefert, Mais und Bohnen, die wir weit über Preis mit bolivianischen Pesos bezahlten. Es war meine erste warme Mahlzeit seit Wochen, ich hatte keinen Durchfall mehr und fühlte mich erfrischt und gestärkt, als ich auf das verabredete Zeichen hin – ein in die Luft gestrecktes Buschmesser – die Uferböschung hinabstieg. Rojas wünschte mir Glück auf meinem weiteren Lebensweg, ich glaube, er drückte mir sogar die Hand, bevor er auf Nimmerwiedersehen im raschelnden Unterholz verschwand. Seine Eile kam mir verdächtig vor, und ich zögerte einen Moment beim Anblick der Marschkolonne, die alle Vorsichtsmaßregeln ignorierend, ohne Feuerschutz in den Fluß hinauswatete. Aber es war zu spät, denn ich hatte schon den großen Zeh im Wasser des Vergessens genetzt – meine verschlissenen Stiefel hatte ich weggeworfen und durch selbstgebastelte Sandalen ersetzt, wie sie die Vietcong-Kämpfer trugen – und tauchte zuerst bis zu den Knien, dann bis zu den Hüften in die schwärzliche Flut. Die Vorhut hatte bereits die Flußmitte erreicht und watete, die Gewehre über den Köpfen balancierend, dem rettenden Ufer entgegen, als unter den Bäumen ein höllisches Inferno losbrach. Der Hinterhalt war gut getarnt, kein feindlicher Soldat war zu erkennen, nur das Mündungsfeuer eines MG inmitten grüner Vegetation, bis ein Sergeant aus der Deckung trat, den Braulio mit einem Revolverschuß niederstreckte, bevor er selbst vornüberfiel. Aber das sah ich nicht mehr, und der Gedanke, daß der Fährmann, der die Seelen der Verstorbenen in den Hades übersetzt, nicht Charon, sondern Judas Ischarioth hieß, kam mir nicht mehr in den Sinn; auch die Frage, ob den Verräter die gerechte Strafe ereilen würde, interessierte mich nicht mehr. Während die Strömung mich flußabwärts trieb, dachte ich an die geheime Telefonnummer, die Generaloberst Markus Wolf mir mit auf den Weg gegeben hatte und die ich vergeblich zu rekonstruieren versuchte. Wie hieß sie doch gleich? Ich stieß mit dem Kopf gegen eine Felsklippe, und während ein Strudel mich in die Tiefe zog, fiel mir die vergessene Nummer wieder ein. Ich schnappte keuchend nach Luft, und als ich die Augen aufschlug, sah ich eine Telefonzelle vor mir. Eine Telefonzelle mitten im Urwald? So etwas gibt es nicht oft, aber es kommt vor. Von Nässe triefend, kroch ich an Land. Zum Glück hatte ich das passende Kleingeld parat. Ich wählte die Vorwahl der DDR, dann die sechsstellige Telefonnummer. »Warum meldest du dich erst jetzt«, sagte die Stimme von Markus Wolf, »wir haben deinen Anruf viel früher erwartet. Es ist fünf vor zwölf, genaugenommen ist es sogar fünf *nach* zwölf!« Seinen Instruktionen folgend, öffnete ich einen toten Briefkasten, aus dem ein Umschlag mit Dollarnoten, einem Flugticket und einem gefälschten Paß zum Vorschein kam. Sechs Wochen später, am Tag, als Che Guevara in La Higuera starb, stieg ich in Ostberlin aus dem Taxi vor einem Plattenhausbau, den das Politbüro der SED den Eltern der Märtyrerin Tamara Bunke als Wohnsitz zugewiesen hatte: *Straße der Pariser Kommune 23*. Ich klingelte, und meine Mutter öffnete die Tür. In diesem Augenblick muß ich gestorben sein.

Postscriptum

Es stimmt nicht, daß ich Gebärmutterkrebs hatte oder im dritten Monat schwanger war. Eins schließt das andere aus, und meine genaue Todesursache war nicht mehr festzustellen, als man mich Tage später, von Fischen angefressen, aus dem Rio Grande zog. Weil mein falscher Paß mich als Katholikin auswies, wurde ich christlich begraben im Beisein des Präsidenten der Republik, der eigens aus la Paz eingeflogen war; vielleicht empfand Barrientos sogar Sympathie für mich, denn ich war mit seiner Frau befreundet und hatte seiner Tochter Deutschunterricht erteilt. Aber allzu weit kann die Sympathie nicht gegangen sein, denn um kein Märtyrergrab zu hinterlassen, ließ er meine von Maden wimmelnde Leiche exhumieren und unter dem Beton des Flugfelds verscharren. Von dort wurden meine Gebeine dreißig Jahre später nach Kuba repatriiert und in Santa Clara beigesetzt, wo Che seinen ersten militärischen Sieg errungen hatte. Meine alte Mutter war bei der Zeremonie anwesend. Fidel Castro hatte sie nach Kuba eingeladen, und sie bestand darauf, daß der Metallsarg in ihrer Gegenwart geöffnet wurde, damit sie sich von ihrer Tochter verabschieden konnte; als Atheistin hatte sie keine Angst vor dem Tod. Das einzige, was die Umbettung und Überführung meiner Leiche unbeschädigt überdauert hatte, waren mein Büstenhalter und mein Slip, die, wie in den sechziger Jahren üblich, nicht aus Baumwolle, sondern aus Kunststoff bestanden. Meine Mutter hatte ein Röntgenbild meines Gebisses aus dem Archiv der DDR-Staatssicherheit mitgebracht, und anhand einer Plombe im Unterkiefer überzeugte sie sich, daß sie den Schädel ihrer in Bolivien verschollenen Tochter in Händen hielt.

Meinen Nachruf im *Neuen Deutschland* und die mir postum verliehenen Orden und Ehrungen bekam ich nicht mehr zu Gesicht, ebensowenig wie Briefmarken mit meinem Konterfei und Bronzetafeln, die das Zentralkomitee der SED an nach mir benannten Sportstätten, Kindergärten und Schulen anbringen ließ. Die Nachricht vom Fall der Mauer hat mich genausowenig erreicht wie das geheuchelte Beileid und die verlogenen Reden der Politiker, die sich an verschiedenen Orten, zu verschiedenen Zeiten auf mich beriefen. Ich lebe fort im Bewußtsein der Menschen, die mich geliebt haben: In den einstweiligen Verfügungen, mit denen meine Mutter bezahlte Schreiberlinge daran hindert, das heroische Vermächtnis ihrer Tochter zu beschmutzen; im bolivianischen Volksmund, der behauptet, an meinem Todestag, dem 31. August, sei im Strudel des Vado del Yeso eine Frauenstimme zu hören, die verzweifelt um Hilfe ruft; und in dem selbstgestrickten Pullover, den ich am Vorabend meiner Abreise Ulisses Estrada schenkte, damit er in einer kühlen Tropennacht einen mir nahestehenden Menschen wärmt.

UNMÖGLICH, NICHT PROKUBANISCH ZU SEIN

Ein Fotoroman

1

Auf dem ersten Bild sitzt Jean-Paul Sartre mit Simone de Beauvoir im Frühstücksraum des Hotels Nacional; es könnte auch ein Balkon oder ein Dachgarten sein, aber die Dame mit Sonnenschirm, die am Arm eines spitzbärtigen Herrn mit Zylinder und Spazierstock eine spanische Kolonialkirche verläßt oder betritt – das ist auf dem Bild nicht genau auszumachen – ist auf einen Gobelin im Stil des Fin-de-Siècle gemalt; nur die Zimmerpalme ist echt. Trotz der tropischen Temperatur trägt Sartre ein Jackett aus grauem Flanell und ein weißes Hemd mit dunkler Krawatte, unter dessen Manschette eine Armbanduhr hervorschaut. Er hält eine Zigarette zwischen Daumen und Zeigefinger der linken Hand und hat die Lippen geschürzt; die dickwandigen Brillengläser sind feucht beschlagen, und sein Haar ist straff nach hinten gekämmt. Simone de Beauvoir hat sich einen Seidenschal wie einen Turban um den Kopf geschlungen; sie trägt einen hellen Pullover und einen Ehering am Mittelfinger der rechten Hand und lächelt einen außerhalb des Bildes befindlichen Gesprächspartner an; ihr linkes Auge ist zusammengekniffen, und zwischen den geschminkten Lippen schimmern ihre Schneidezähne durch. Auf dem Tisch liegt eine angebrochene Schachtel *Gauloises* neben einer aufgeschlagenen Zeitung mit der fettgedruckten Schlagzeile: PROPONE CUBA REANUDAR NEGACIONES CON EE und einer grobgerasterten Schwarzweißfotografie, auf der Jean-Paul Sartre und Simone de Beauvoir beim Ein- oder Aussteigen auf der Gangway eines Propellerflugzeugs zu sehen sind.

2

Auf dem zweiten Bild hat Sartre die Krawatte abgelegt. Er trägt ein offenes Hemd, dessen Kragen er über das Revers seines Jacketts geschlagen hat, und führt eine Zigarette zum Mund, während Simone de Beauvoir besorgt, wie es scheint, auf den rauchenden Sartre blickt. Vielleicht sind beide einfach nur hungrig, denn vor ihnen steht eine Schiefertafel mit der Aufschrift HAY COMIDA CHINA Y CRIOLLA DIA Y – das Wort NOCHE wird von Simone de Beauvoirs Handtasche verdeckt. Sie hat die Haare hochgesteckt und trägt ihren Ehering – falls es ein solcher ist – an der zur Faust geballten rechten Hand, während sie mit den lackierten Fingernägeln der linken auf die Tischplatte zu trommeln scheint. Im Vordergrund rechts liegt ein Löffel mit einer Serviette, über die sich die gefalteten Hände eines am Bildrand sitzenden Gastes schieben, bei dem es sich um Fidel Castros Kampfgefährten Carlos Franqui handeln könnte, der nach Sartres Abreise in Ungnade gefallen ist. Sein Gesicht wurde von Experten des Innenministeriums wegretuschiert und durch den Schatten eines Kellners ersetzt, der den Gästen die Gläser füllt, während Sartre gelangweilt, wie es scheint, in einem Album blättert mit Fotos verstümmelter Leichen von Märtyrern der Revolution, die von der Geheimpolizei des Diktators Batista zu Tode gefoltert worden sind.

3

Auf dem dritten Bild sitzen Sartre und Simone de Beauvoir nebeneinander auf einem Ledersofa vor einer herabgelassenen Jalousie, die kein Sonnenlicht in den Raum dringen läßt, so daß unklar bleibt, ob die Szene bei Tag oder bei Nacht aufgenommen wurde. An der holzgetäfelten Wand ist ein dreiarmiger Leuchter angebracht, dessen Widerschein sich auf der blankgescheuerten Platte eines Schreibtischs spiegelt, auf dem Aktenordner und Schreibblöcke aufeinander gestapelt sind. Der Boden ist mit einem schallschluckenden Teppich belegt, und die das Fenster verdeckende Jalousie wird von einem theatermäßig drapierten Vorhang umrahmt. Es scheint sich um ein klimatisiertes Büro zu handeln, das Büro der Staatsbank vielleicht, denn Sartre trägt einen dunklen Anzug mit eng anliegender Krawatte unter dem obersten Kragenknopf, und Simone de Beauvoir hält fröstelnd, wie es scheint, die Hände im Schoß. Ihnen gegenüber sitzt ein bärtiger Mann auf einem mit Leder gepolsterten Schreibtischstuhl und beugt sich herab, um eine Zigarre anzuzünden, die Sartre zwischen Zeige- und Mittelfinger der rechten Hand hält. Der bärtige Mann ist ein Sitzriese; alles an ihm wirkt grob und ungeschlacht: Die derben Schnürstiefel auf dem gepflegten Teppichboden, der olivgrüne Kampfanzug, über den er eine glänzende Kunststoff- oder Lederjacke gezogen hat, das schwarze Barett mit dem fünzackigen Stern in der Mitte, das über den Kragen herabfallende, dunkel gelockte Haar sowie der schüttere Bart, der sein aufgedunsenes Gesicht umrahmt; und das klobige Tischfeuerzeug, mit dem er Sartre Feuer gibt, könnte auch ein Revolver oder eine Handgranate sein. Der Name des Mannes ist Ernesto Guevara de la Serna, er ist 32 Jahre alt, und es ist kurz nach Mitternacht, als er Jean-Paul Sartre und Simone de Beauvoir im Büro der Staatsbank empfängt, deren Leitung er auf Befehl des *Comandante en Jefe* Dr. Fidel Castro Ruz übernommen hat. Obwohl er seit dem frühen Morgen nichts gegessen hat, wirkt El Che, wie seine Freunde den Argentinier nennen, aufgeschwemmt, weil das Cortison, das er zur Bekämpfung seiner Asthma-Anfälle nimmt, seine Wangen fülliger macht. Er hat gerade geduscht und ist auf dem Weg zu einer Protestkundgebung gegen die Versenkung des Frachters *La Coubre*, der mit einer Ladung Munition im Hafenbecken explodiert ist und dabei Hunderte von Dockarbeitern und Matrosen in den Tod gerissen hat; vielleicht steckt ein ausländischer Geheimdienst hinter dem Attentat. Am Rand der Kundgebung nimmt der Fotograf Alberto Korda, während Sartre und Simone de Beauvoir die Ehrentribüne betreten, ein Foto von ihm auf, das nach Che Guevaras Tod millionenfach vervielfältigt um die Welt gehen wird: Aufrecht stehend mit wehendem Haar unter dem schwarzen Barett, den Blick in den fahlen Himmel gerichtet, an dem die Sonne auf- oder untergeht – das ist auf dem nachgedunkelten Bild nicht genau zu auszumachen.

4

Auf dem vierten und letzten Bild sieht Jean-Paul Sartre erschöpft und übernächtigt aus. Er hat den obersten Knopf seines Hemds geöffnet, unter den Achselhöhlen treten Schweißflecken hervor, eine nasse Haarsträhne fällt ihm in die Stirn, und er fächelt sich Luft zu mit einem breitkrempigen Strohhut, wie ihn Huckleberry Finn in der Verfilmung des gleichnamigen Romans trägt. Simone de Beauvoir kehrt ihm den Rücken zu. Ein leichte Brise bauscht ihr geblümtes Sommerkleid, und sie hat die Arme erhoben, um Vögel anzulocken oder abzuwehren, die sie im Schwarm umflattern, vielleicht Möwen, an die sie die Reste ihres Sandwiches verfüttert. Im Vordergrund links ist ein Mann in Schnürstiefeln und Khakihosen zu sehen, dessen Oberkörper im Innern eines Kühlschranks verschwindet. Obwohl er niederkniet, scheint er einen Kopf größer als der auf einem Klappstuhl sitzende Sartre zu sein. Es handelt sich um den *líder máximo* Dr. Fidel Castro Ruz, der sich an dem defekten Kühlschrank zu schaffen macht, weil die Kellnerin des Strandcafés den ausländischen Gästen, trotz der von der Regierung beschlossenen Maßnahmen zur Ankurbelung des Tourismus, nur lauwarme Limonade serviert, die sie zur Verbesserung des Geschmacks mit Rum verfeinert hat. Und während der *Comandante en Jefe* mit dem Schraubenzieher ein verschmortes Elektrokabel anzuschließen versucht, schreibt Sartre in sein Notizbuch, trotz seines Cäsarenkopfs sei Castro von einem vulgären Volkstribun wie Mussolini durch Welten getrennt: Fidel sei ein Lehrender, der vom Volke lernt, und sein nervös zuckender Mund komme erst dann zur Ruhe, wenn er sich um eine mit Spucke angefeuchtete Havanna-Zigarre schließt. »Es ist unmöglich für einen Intellektuellen des 20. Jahrhunderts, nicht prokubanisch zu sein.« Mit diesem von der Zeitschrift *L'Express* über die halbe Welt verbreiteten Satz zieht Sartre nach seiner Rückkehr das Resümee seines Aufenthalts in Kuba, dessen Boden er nicht wieder betreten wird.

DOPPELANEKDOTE (II)

1

Am 6. April 1930 klingelte in der Kommunalwohnung des Schriftstellers Michail Afanassjewitsch Bulgakow das Telefon. Seit er höheren Orts in Ungnade gefallen war – erst kürzlich hatte die Literaturnaja Gazeta *seine Stücke als psychologistisch und formalistisch bezeichnet, ein Widerspruch, der den Verfassern des anonym erschienenen Artikels nicht aufgefallen war – hatten die Behörden sein Telefon gesperrt, und mit freudiger Erregung nahm Michail Bulgakow den Hörer ab. »Hier Stalin, wie geht es Ihnen«, sagte die Stimme am anderen Ende der Leitung, und Bulgakow brach in schallendes Gelächter aus. »Den georgischen Akzent kriegst du gut hin«, sagte er, in der Annahme den Kinderbuchautor Kornej Tschukowskij vor sich zu haben, der Stalins Redeweise täuschend echt zu imitieren verstand, »aber wenn du die Zunge gegen die Backe drückst, klingt es noch authentischer.« – »Sie reden sich um Kopf und Kragen«, sagte die Stimme am anderen Ende der Leitung, der jetzt eine gewisse Verärgerung anzumerken war, »hier spricht Stalin, und ich habe nicht viel Zeit.« – »Für weißgardistische Elemente wie Sie ist in unserer Partei kein Platz«, fuhr Stalin fort, nachdem Bulgakow seinen Schreck überwunden hatte. »Sie gehören nicht zu uns, aber Sie sind kein Feind, und als Dramatiker sind Sie hochbegabt. Ihr Stück* Die Tage der Turbins *war einfach phänomenal. Wie Sie wissen, habe ich mir die Aufführung am Moskauer Künstlertheater fünfzehnmal angeschaut.« Stalin räusperte sich. Das Knistern einer Streichholzflamme war zu hören, gefolgt von einem tiefen Zug aus der Dunhillpfeife.*

»Ich habe Ihren Brief erhalten und gelesen«, fügte Stalin hinzu. »Sie spielen die verfolgte Unschuld – wirklich ein starkes Stück! Genosse Jagoda schlägt vor, Sie zum Holzfällen in die Taiga zu

schicken. Er meint, die frische Waldluft täte Ihnen gut. Ich bin mir da nicht so sicher, denn ich kenne Sibirien, und Sie sind ein Stadtmensch genau wie ich. Was wünschen Sie, Michail Afanassjewitsch? Wie bitte, Ihre Stücke werden nicht mehr gespielt? Dem ist leicht abzuhelfen. Der Direktor des Moskauer Künstlertheaters sitzt gerade in meinem Büro, und er hat mir versprochen, den Spielplan zu ändern, ab sofort und nicht erst in der kommenden Saison. Warum reden Sie nicht selbst mit ihm? Hier ist er.« – »Kann ich sonst noch etwas für Sie tun«, fragte Stalin nach einer Unterbrechung, in der Bulgakow sich angeregt mit dem Theaterdirektor unterhielt. »Wie bitte? Sie wünschen eine feste Anstellung als Regieassistent oder Dramaturg? Warum nicht gleich als Regisseur? Am Künstlertheater zum Beispiel, Jahresgehalt 20.000 Rubel? Verkaufen Sie sich nicht unter Preis – der Direktor wäre auch mit 30.000 einverstanden, wie er mir durch Kopfnicken signalisiert. Zum Schluß noch eine persönliche Frage: Halten Sie Ossip Mandelstam für einen genialen Dichter?«

»Darauf kommt es nicht an«, sagte Bulgakow, der während des Gesprächs seine Selbstsicherheit wiedergefunden hatte. »Selbst wenn Mandelstam kein genialer Dichter wäre, wäre dies keinen Grund, ihn in ein Lager oder in die Verbannung zu schicken.« – »Über Fragen der Strafjustiz entscheiden einzig und allein die zuständigen Behörden«, sagte Stalin verstimmt, »und ich habe kein Recht, mich in deren Arbeit einzumischen. – Sie halten Mandelstam also für unbedeutend?« – »Das habe ich nicht gesagt, im Gegenteil. Es geht nicht um literarische Qualität, es geht um Leben oder Tod. Darüber müssen wir reden, Jossif Wissarionowitsch!« Ein metallisches Knacken war zu hören, gefolgt von einem leeren Rauschen als Signal, daß die Verbindung unterbrochen war. Stalin hatte den Hörer aufgelegt.

2

»Die Lektüre hat mich zu Tränen gerührt«, sagte der Generalsekretär der KPdSU, Nikita Sergejewitsch Chruschtschow, im Oktober 1956 bei einer Aussprache über Kunst und Literatur zu Alexander Trifonowitsch Twardowskij, dem Herausgeber der Zeitschrift Nowy Mir, *wo Alexander Solschenizyns Erzählung* Ein Tag im Leben des Iwan Denissowitsch *als Vorabdruck erschienen war. Ursprünglich hatten sich das Zentralkomitee, das Kulturministerium und der Schriftstellerverband einhellig gegen die Veröffentlichung des Manuskripts ausgesprochen, von dem es hieß, daß es negative Erscheinungen aus der Periode des Personenkults über Gebühr aufbausche und damit den Feinden der UdSSR in die Hände spiele. Aber nach seiner historischen Rede auf dem XX. Parteitag der KPdSU hatte Nikita Chruschtschow den schädlichen Überresten der Vergangenheit den Kampf angesagt und gegen alle Widerstände die ungekürzte Veröffentlichung von Solschenizyns Buch durchgesetzt. »Ich dachte immer«, sagte Chruschtschow mehr zu sich selbst als zu Twardowskij, »alle Lagerinsassen seien Saboteure und Schmarotzer, die sich auf Staatskosten einen schönen Lenz machen, und wußte gar nicht, daß sie unter unmenschlichen Bedingungen, die unserem sowjetischen Humanitätsideal Hohn sprechen, fleißig und diszipliniert arbeiten.«*

Beim Gedanken an den Hunger und die Kälte in den Straflagern am Polarkreis und im Fernen Osten der Sowjetunion trat dem Generalsekretär eine Träne ins Auge, die seine Ehefrau Nina ihm mit einer Stoffserviette von der Wimper tupfte. »Dieser Iwan Denissowitsch ist wirklich ein Prachtkerl«, fuhr Chruschtschow fort. »Sein Arbeitseifer erinnert mich an den Gutsbesitzer Lewin in Tolstojs Roman Anna Karenina, *der seinen Leibeigenen mit gutem Beispiel vorangeht und persönlich die Sense schwingt. Ich weiß, wovon ich rede, denn in meiner Zeit als Parteisekretär der Ukraine habe ich während der Maiparade eigenhändig einen Mähdrescher durch die Straßen von*

Kiew gelenkt. Der Held von Solschenizyns Erzählung ist wie Lewin ein Intellektueller, der noch nie mit den Händen gearbeitet hat, aber anders als in der Ukraine ist es am Polarkreis stockdunkel und bitterkalt. Wie schafft es Iwan Denissowitsch, bei Temperaturen von dreißig Grad unter Null eine Mauer zu bauen? Indem er entgegen der Vorschrift Zement hortet, den er unter der Bettdecke wärmt, damit er nicht über Nacht steinhart gefriert. Auf diese Weise gelingt es ihm, das von der Kommandantur vorgeschriebene Soll zu erfüllen und eine Mauer zu errichten, die nicht bei Tauwetter wieder in sich zusammenfällt. Eigentlich hätten wir diesen Iwan Denissowitsch vorzeitig aus der Haft entlassen und zum Helden der Arbeit ernennen müssen! Aber wir hatten ja keine Ahnung, was für Perlen sich unter den Lagerinsassen verbargen.« Nikita Chruschtschow zog ein geblümtes Sacktuch aus der Tasche und schneuzte sich gerührt die Nase.

»Umgekehrt wird ein Schuh draus«, sagte der Sekretär des Zentralkomitees, Leonid Iljitsch Breschnew, der zusammen mit dem Chefideologen Suslow über die Einhaltung der Parteilinie wachte. »Sie haben sich nicht das Geringste vorzuwerfen, Nikita Sergejewitsch, denn Sie haben gegen die Auswüchse des Personenkults gekämpft und dessen Opfer rehabilitiert. Der Lagerkommandant aber, der den Häftlingen den für den Bau der Mauer nötigen Zement vorenthielt, gehört wegen Unterschlagung von Staatseigentum ans nördliche Eismeer verbannt.«

»Es handelt sich um Literatur«, warf Alexander Twardowskij ein. »Die Aussagen in einer Erzählung oder in einem Roman sind nicht wörtlich wahr, selbst wenn der Text, wie im Fall Solschenizyn, auf persönlichen Erlebnissen des Autors beruht.«

»Literatur hin oder her«, rief Nikita Chruschtschow und schlug mit der Faust auf den Tisch. »Leonid Iljitsch hat recht:

Der Kommandant kommt in ein Lager am nördlichen Eismeer, damit er in Ruhe über seine Fehler nachdenken kann, denn die Entstalinisierung führt nur dann zum Erfolg, wenn sie sich der bewährten Methoden des Genossen Stalin bedient!«

BITTERE LILIEN ODER: WEIT WEG UND LANGE HER

1

Die Geschichte, die ich erzählen will, hat sich wirklich zugetragen, aber das war weit weg und ist lange her, im Mai 1942 in Yenan, einer Kleinstadt der Provinz Shensi, wo die Rote Armee Mitte der 30er Jahre in Lößhöhlen und Lehmhütten, die später zu Baracken und Kasernen ausgebaut wurden, ihr Hauptquartier aufschlug. Von ursprünglich 230.000 Soldaten hatten weniger als 50.000 den Langen Marsch kreuz und quer durch China überlebt, mit dem die schlecht ausgerüstete und unzureichend bewaffnete Bauernarmee sich der Umzingelung durch die Truppen des Generals Tschiang Kai-schek entzogen und ihren militärisch überlegenen Gegner schachmatt gesetzt hatte. Der über ein Jahr dauernde, 12.000 Kilometer lange Gewaltmarsch von den Jingjang-Bergen im Süden nach Shensi im Norden, auf dem der Heereszug Steppen und Wüsten, reißende Flüsse und vereiste Gebirgspässe überqueren mußte, war so entbehrungsreich, daß die ausgehungerten Soldaten sich unterwegs von Gras ernährten und bei ihrer Ankunft in Yenan zu Skeletten abgemagert waren. Insofern hatte Mao Tse-tung recht, als er Jahre später, in einer Rede vor Absolventen der Militärakademie, die Heldentaten der Volksbefreiungsarmee mit einem Gedicht von Tu Fu verglich, das dieser zwölfhundert Jahre zuvor auf der Flucht vor den Tartaren niedergeschrieben hatte und das, frei übersetzt, so lautet:

Vor dem Angriff der Tartaren flohen wir
nach Norden, tausend Gefahren trotzend.
Fünf von zehn Tagen Regen und schwerer Sturm:
Hand in Hand, ohne Schutz oder Schirm,
stapften wir durch eiskalten Schlamm,
wilde Früchte als Nahrung, niedrige Zweige als Dach.

Zu Tode erschöpft, schafften wir kaum
mehr als zehn Meilen pro Tag,
strauchelten morgens über spitzes Gestein,
spähten am Abend vergeblich nach
Rauchzeichen am Horizont.
Nach kurzer Rast im T'ong-chia-Tal
Aufstieg zum Lu-Tzu-Paß:
Sun Tzai, treuester Freund,
deine Güte überstrahlt jeden Stern,
denn in dunkelster Nacht
nahmst du uns gastfreundlich auf.

Was Mao Tse-tung hinzuzufügen vergaß, ist, daß er, ähnlich wie die Offiziere des Generalstabs und andere Führungskader der Partei, die Entbehrungen seiner Soldaten nicht teilte: Er legte den Langen Marsch auf seinem Pony Hsiao Ch'ing-ma zurück, das nach dem Sieg der Revolution im Pekinger Zoo sein Gnadenbrot verzehrte und heute ausgestopft im Museum von Yenan zu besichtigen ist. Als das Reittier zu lahmen begann, stieg er auf einen von seinem Leibwächter Li Ying-ch'ao geschulterten Tragsessel um, und die Sorge der Soldaten um die Gesundheit ihres Oberbefehlshabers ging so weit, daß sie untröstlich waren, wenn Mao wegen seines übermäßigen Appetits an Verstopfung litt; und sie setzten den Marsch erst fort, wenn der Stuhlgang des Großen Vorsitzenden wieder »quoll«, wie Li Ying-ch'ao in seinen Memoiren schreibt.

Aber ich will die Geschichte in der ersten Person erzählen, so wie sie sich wirklich zugetragen haben könnte, gestützt auf Zeugenaussagen und Dokumente, denen nicht zu trauen ist, weil Chinas Kommunistische Partei nach jeder Wendung der Parteilinie ihre Geschichte neu geschrieben hat – nicht einmal der genaue Zeitpunkt ihrer Gründung ist bekannt.

2

Mein Name ist Wang Shi-wei, und ich wurde in der Provinz Hunan geboren, im Jahr 1906, als die Ch'ing-Dynastie in den letzten Zügen lag. Damals behaupteten die konfuzianischen Gelehrten noch, die Welt sei viereckig und Länder wie Deutschland oder Frankreich existierten nicht, weil sie in den Schriften der vier Weisen und der fünf Klassiker nicht vorkamen. Japan und England, erklärten sie, hätten diese Staaten erfunden, um in ihren Namen noch unverschämtere Forderungen zu erheben. Aber daran glaubte niemand mehr, seit die Armeen der nicht existierenden Länder nach Niederschlagung des Boxeraufstands Peking erobert, Chinas Häfen für Handel und Verkehr mit dem Westen geöffnet und immer weitere Gebiete unter ihre Kontrolle gebracht hatten. Selbst mein Vater, der das Examen für die mittlere Beamtenlaufbahn bestanden, aber nie eine Stelle bekommen hatte, glaubte nicht mehr an die konfuzianische Staatsdoktrin. Um sich und seine Familie zu ernähren, gründete er eine Privatschule, in der er Kindern wohlhabender Eltern Elementarunterricht gab. Unter Anleitung meines Vaters erlernte ich nicht nur die Schriftzeichen für Mensch, Hand, Mund, Messer, Ochse und Hammel, die jedes Kind im Kindergarten übt, sondern auch die Grundlagen der von konfuzianischen Gelehrten als Teufelswerk bekämpften westlichen Wissenschaft. Mit diesem geistigen Rüstzeug bestand ich die Aufnahmeprüfung zu einem englischsprachigen College, das chinesische Schüler auf das Studium im Ausland vorbereitete. Wir lasen Auszüge aus Werken von Adam Smith und Charles Darwin in Übersetzungen und später auch im Original, und als ich die Anfangsschwierigkeiten überwunden hatte und fließend englisch zu sprechen begann, mußte ich das College verlassen, weil mein Vater wegen der allgemeinen Teuerung das Schulgeld nicht mehr aufbringen konnte. Seine Gesundheit verschlechterte sich zusehends, und anstatt, wie es mir vorschwebte, Literatur oder Medizin zu studieren, arbeitete ich als Aushilfsangestellter bei der Post, eine unterbezahlte Tätigkeit, deren Ertrag nicht ausreichte, um die teuren Arzneien zu kaufen, die unser Hausarzt, ein mongolischer Quacksalber, meinem kranken Vater verschrieb – ganz zu schweigen von für unsereinen unerschwinglichen westlichen Medikamenten. Mein vorzeitiger Schulabgang fiel zusammen mit der Bewegung des 4. Mai 1919, die den Zusammenbruch der Ch'ing-Dynastie besiegelte und den von den Mandschu-Herrschern verordneten Zöpfen den Kampf ansagte – buchstäblich und nicht nur im übertragenen Sinn. Was an der Pekinger Universität mit einer Protestversammlung gegen den Versailler Vertrag begann, der die Mandschurei unter japanischer Herrschaft beließ, endete mit landesweiten Streiks von Studenten und Professoren, die eine Reform der Schriftsprache und des Bildungswesens, die Gleichstellung der Frau und die Einführung moderner Medizin und Naturwissenschaften verlangten.

Erst nach dem Tod meines Vaters verließ ich die Provinz Hunan und reiste nach Peking, um mich an der dortigen Universität einzuschreiben, deren Aufnahmeprüfung ich dank meiner Kenntnis westlicher Literatur ohne Schwierigkeiten bestand. Inzwischen hatte ich nicht nur Darwin, sondern auch Rousseau und Nietzsche gelesen, dessen *Zarathustra* mir wie ein Spiegelbild meiner eigenen, zwischen Auflehnung und Unterwerfung schwankenden Gedanken und Gefühle erschien. Li Ta-chao, der Direktor der Universitätsbibliothek, der in der Zeitschrift *Neue Jugend* eine Serie aufsehenerregender Artikel veröffentlicht hatte, nahm mich unter seine Fittiche und gab mir eine zerfledderte Broschüre zu lesen, deren Lektüre, obwohl oder weil sie durch viele Hände gegangen war, mein Leben verändern sollte: *Kommunistisches Manifest* lautete der Titel des auf billigem Papier gedruckten Hefts, dessen Verfasser Karl Marx und Friedrich Engels hießen, wobei ich mir nicht sicher war, ob es sich um Freunde oder Brüder oder um ein- und dieselbe Person handelte.

Während ich zusammen mit Gleichgesinnten den schwer verständlichen Text büffelte, in dem von mittelalterlichen Zünften, Feudalherren und Bourgeois die Rede war – Begriffe, mit denen die meisten von uns noch nichts anfangen konnten – ahnte ich nicht, daß unser verehrter Lehrer Li Ta-chao vier Jahre zuvor an einem geheimgehaltenen Ort die Kommunistische Partei Chinas gegründet hatte, zusammen mit einem wohlhabenden Bauernsohn, der wie ich aus Hunan stammte und nach seinem Tod in einem Glassarg auf dem Platz des Himmlischen Friedens aufgebahrt werden würde, wohingegen man mich an einem unbekannten Ort verscharren sollte. Aber ich habe mich allzuweit vom Ausgangspunkt meiner Geschichte entfernt.

3

Der Winter 1925/26 war kalt in Peking. Der schweflige Rauch der Fabrikschornsteine mischte sich mit dem Dunst der Garküchen, in denen es außer Sojabohnen und Chinakohl nicht viel zu essen gab; aus dem Süden importierter Reis war eine Delikatesse, die den Kriegsherrn der Kuomintang, ihren Konkubinen und ausländischen Beratern vorbehalten blieb. Morgens beim Aufstehen knirschten Kohlenstaub und Sand zwischen meinen Zähnen, den der eisige Wind aus der Wüste Gobi durch die Türritzen der Häuser blies. Ich lebte hauptsächlich von Tee, der mir Nahrung und Heizung ersetzte, denn das Zimmer im Souterrain, dessen Miete die Hälfte des von meinem Vater hinterlassenen Geldes kostete, war ebenso ungeheizt wie der Lesesaal der Universität, durch dessen beschlagene Fenster ich eine Dame im Pelzmantel und einen Monokol tragenden Offizier in ein Automobil steigen sah, dessen Tür der Chauffeur mit tiefer Verbeugung öffnete. Der Satz im *Kommunistischen Mani-*

fest, den ich beim ersten Lesen nicht verstanden hatte, daß das Proletariat außer seinen Ketten nichts zu verlieren hätte, war plötzlich mehr als nur eine literarische Metapher, und ich begriff, daß das Geschriebene etwas mit meinem eigenen Leben zu tun hatte und einen Appell enthielt, die Welt nicht nur zu interpretieren, sondern zu verändern – um noch einmal Marx zu zitieren.

Die wirtschaftliche Not wurde durch die politische Krise verschärft, die das wechselseitige Mißtrauen zwischen Kommunisten und Kuomintang nach dem Scheitern des Nordfeldzugs bis zum Siedepunkt trieb; es war nur noch eine Frage der Zeit, bis die Spannung sich gewaltsam entladen würde. Als Generalprobe für die Abrechnung mit den Roten befahl der Militärmachthaber von Peking, Tuan Ch'i-jui, seinen Soldaten, auf friedliche demonstrierende Studenten zu schießen und anschließend die Universität zu erstürmen, um so die durch Irrlehren ausländischer Teufel verwirrte Jugend auf den Pfad der Tugend zurückzuführen; daß dabei zahlreiche Studenten getötet und deren Kommilitoninnen vergewaltigt wurden, sei bedauerlich, erklärte er, aber nicht zu ändern. Das war nur das Vorspiel zu dem von Tschiang Kai-schek befohlenen Massaker unter den Hafenarbeitern von Kanton, deren Blut das Wasser des Perl-Flusses rot färbte, obwohl die Mehrheit von ihnen Analphabeten waren, die nie etwas vom Verfasser des *Kommunistischen Manifests* gelesen oder gehört hatten. Zum Glück wurden die Führer der Partei durch aus Moskau entsandte Kommissare, die bis zuletzt zur Zusammenarbeit mit der Kuomintang geraten hatten, von dem bevorstehenden Massaker informiert und rechtzeitig evakuiert. Nur für meinen Lehrer Li Ta-chao kam die Warnung zu spät; er lief der Polizei in die Arme und wurde von den Folterknechten der Kuomintang mit einer Seidenschnur erdrosselt.

Während der weiße Terror täglich neue Opfer forderte, tat ich etwas Unverzeihliches in den Augen der Partei, deren eingeschriebenes Mitglied ich inzwischen geworden war: Ich hatte mich in eine Genossin verliebt, der ich glühende Liebesbriefe schrieb. Li Fen war ein halbes Jahr älter als ich und hatte nach dem frühen Tod ihres Mannes ein Mädchen zur Welt gebracht, das im Säuglingsalter an Unterernährung gestorben war; ihre Schwiegereltern hatten sie verstoßen in der irrigen Annahme, Li Fen habe ihren Sohn zum Kommunismus verführt und sei an dessen Ermordung durch Kuomintang-Agenten schuld. Ich weiß nicht, ob es ihre jadegrünen Augen waren, der schmerzliche Zug um ihren Mund oder die weißgraue Strähne in ihrem blauschwarzen Haar, aber es war Liebe auf den ersten Blick, die mich an Li Fen fesselte, seit ich ihr bei einem marxistischen Schulungskurs zum ersten Mal begegnet war. Meine mit Liebesschwüren gespickten Briefe und Gedichte ließ sie unerwidert, denn die Trauerzeit war noch nicht vorbei, und Li Fen war sich nicht sicher, ob sie meinem Drängen nachgeben und noch einmal heiraten sollte, noch dazu einen *Shusheng*, einen arbeitslosen Akademiker, der nicht einmal sich selbst, geschweige denn eine Familie ernähren konnte. Das einzige, was aus ihrer Sicht für mich sprach, waren meine Loyalität gegenüber der Partei, die Opferbereitschaft und der außergewöhnliche Mut, den ich als Versammlungsredner auf Demonstrationen, Auge in Auge mit Armee und Polizei, an den Tag gelegt hatte. In diesem Zwiespalt suchte Li Fen Rat und Hilfe bei ihrer besten Freundin Liu Ying, und diese riet ihr, sich an den zuständigen Parteisekretär zu wenden, einen Mathematiklehrer namens Teng, ohne zu ahnen, welchen Ärger sie mir damit einhandelte, und daß sie, und nicht Li Fen, eines Tages meine Frau werden sollte.

Liebe war in den Statuten von Chinas Kommunistischer Partei nicht vorgesehen, und Teng reagierte so, wie bürokratische Machthaber an jedem Ort und zu jeder Zeit auf individuelle Anliegen reagiert haben: Er verbot mir, mit Genossinnen zu flirten, und rief mich in ultimativem Ton dazu auf, meine persönlichen Angelegenheiten der Parteidisziplin unterzuordnen, die angesichts des ringsum wütenden Terrors doppelt geboten sei.

»Alles schön und gut«, sagte ich und blickte in die hinter dickwandigen Brillengläsern blinzelnden Augen des Parteisekretärs, »alles schön und gut – aber ich habe mich in Li Fen verliebt!«

Teng bekam einen Wutanfall und berief für den nächsten Tag eine außerordentliche Versammlung ein, die wie alle kommunistischen Aktivitäten verboten war, was der Autorität der Partei nicht schadete, sondern größere Glaubwürdigkeit verlieh. Rückblickend erscheint mir die Versammlung, die im verräucherten Hinterzimmer einer Opiumhöhle stattfand, wie ein traumhaftes Déjà-vu, denn die dort erhobenen Beschuldigungen hörte ich nicht zum ersten und auch nicht zum letzten Mal. Einziger Tagesordnungspunkt war das tadelnswerte Verhalten des Genossen Wang Shi-Wei, der, während die Partei mit den Kräften der Reaktion um ihr physisches Überleben rang, typisch kleinbürgerlichen Individualismus predigte und engstirnige, egoistische Interessen vertrat. Schon bei den Worten »typisch kleinbürgerlich« packte mich der Zorn, aber als Teng, schwitzend vor selbstgerechter Empörung, von »fleischlichen Begierden« sprach, denen ich angeblich frönte, während die Vorkämpfer der Revolution als Märtyrer starben, platzte mir der Kragen und ich wandte mich direkt an die Versammlung, die der Aufzählung meiner Untaten mit ungläubigem Staunen gefolgt war.

»Ich habe die Autoriät der Partei nie in Frage gestellt«, sagte ich, dem Redner den Rücken zukehrend, der sich mit dem Taschentuch den Schweiß von der Stirn wischte, »und habe auch in Zukunft nicht vor, das zu tun. Ihr alle kennt mich und wißt, daß ich keinen Zentimeter zurückweiche im Kampf gegen die Reaktion und bereit bin, mein Leben zu riskieren, wenn die Partei das von mir verlangt.« Zum

Beweis knöpfte ich mein Hemd auf und zeigte die Spuren der Mißhandlungen, die ich bei der Erstürmung des Universitätsgeländes durch Tuan Ch'i-juis Soldaten erlitten hatte. »Es geht um etwas ganz anderes: Ich liebe Li Fen, und ich möchte sie heiraten!«

Zaghafter Beifall brandete auf, der sich vom Frühlingswind zum Orkan steigerte, und Pfiffe und Buhrufe waren zu hören, während der Parteisekretär mit fuchtelnden Armen die Versammlung für beendet erklärte.

Zwei Tage später bestellte Teng mich in sein Büro und teilte mir in dürren Worten mit, daß ich wegen schwerwiegender Verstöße gegen die Parteidisziplin und Uneinsichtigkeit in das Fehlerhafte meines Verhaltens aus den Reihen der KPCh ausgestoßen sei. »Ihr könnt mich ausschließen«, sagte ich und tippte mit dem Zeigefinger auf die Nasenspitze des Funktionärs, die platt wie ein Schweinerüssel war, »aber im Herzen bin und bleibe ich Kommunist!«

4

Während die Partei mir den Laufpaß gab, hatte ich das letzte, von meinem Vater hinterlassene Geld aufgebraucht. Ich mußte mein Studium abbrechen und arbeitete als Bankangestellter in Nanking, wo ich mich rasch mit meinen Vorgesetzten überwarf: Meine Unfähigkeit, Gehorsam zu heucheln, brachte mich mit jeder angemaßten Autorität in Konflikt. Ausschlaggebend für meinen Weggang aus Peking war weniger der Parteiausschluß, den ich mit einem lachenden und einem weinenden Auge hinnahm, weil er an meiner politischen Überzeugung nichts änderte, als die Tatsache, daß Li Fen meinen Heiratsantrag abgewiesen hatte: Im Konflikt zwischen Pflicht und Neigung entschied sie sich für die gemeinsame Sache und gegen mich. Trotzdem gab ich die Hoffnung nicht auf, Li Fen ebenso wie die Parteiführung umzustimmen, indem ich beiden meine Loyalität bewies. Ich bewarb mich um eine Stelle als Übersetzer im Büro der Kuomintang, die ich aufgrund meiner guten Englischkenntnisse auch erhielt. Als Spion im Hauptquartier des Klassenfeinds sammelte ich Informationen, die ich bei konspirativen Treffen einem Mitarbeiter des sowjetischen Konsulats übergab – Nanking war damals Sitz der Kuomintang-Regierung, und trotz des Massakers an den Kommunisten hatte Moskau seinen Botschafter nicht abberufen. Ob meine Berichte auf Stalins Schreibtisch im Kreml oder direkt in den Papierkorb wanderten, und ob sie jemals ihre Adressaten, die Untergrundführer der Partei, erreichten, war mir nicht klar.

Ohne es zu wollen, geriet ich auch hier wieder in Streit mit meinen Vorgesetzten: Nicht aus ideologischen Gründen – ich lenkte durch nationalistische Reden von meiner marxistischen Überzeugung ab – sondern weil der Büroleiter, der selbst nur gebrochen englisch sprach, die Qualität meiner Übersetzungen bemängelte. Das verstieß gegen meine Künstlerehre, denn während ich im politischen Meinungsstreit stets zum Nachgeben bereit war, ging ich sofort auf die Barrikaden, wenn jemand in einem von mir verfaßten Text ein falsches Komma oder ein überflüssiges Adjektiv beanstandete. Inzwischen hatte ich Essays und Geschichten im neuen Stil zu schreiben begonnen und an den von mir verehrten Schriftsteller Lu Hsün gesandt, der mir mein Manuskript, mit Anstreichungen versehen, zurückschickte und mich zur Weiterarbeit ermunterte. Lu Hsün, der chinesische Gorki, war trotz oder wegen seiner Bitterkeit ein leuchtendes Vorbild für mich und meine Generation, weil er die Reaktion ebenso haßte wie wir, aber auch die Irrtümer und Illusionen der Linken schonungsloser Kritik unterzog. Durch seinen Zuspruch ermutigt, hegte ich die Hoffnung, eines nicht allzu fernen Tages als berühmter Schriftsteller Li Fen unter die Augen zu treten, die mich, ebenso wie die Kommunistische Partei, reumütig in ihre Arme schließen würde: Dann wäre alles wieder gut, und die Entbehrungen, die ich im Namen des Fortschritts auf mich genommen hatte, hätten sich nachträglich gelohnt.

5

Anders als das Millionenheer der Arbeitslosen wurde ich kein Opfer sozialer Ungerechtigkeit, sondern meiner eigenen Überheblichkeit: Als ich, durch unsachgemäße Kritik gereizt, dem Büroleiter das Manuskript meiner Übersetzung vor die Füße warf – es handelte sich um ein Kommuniqué des Generalissismus Tschiang Kai-schek – setzte er mich kurzerhand vor die Tür. Ich war fristlos entlassen – nicht zum ersten und nicht zum letzten Mal – und beschloß, die freigewordene Zeit zur Fertigstellung eines Romans zu nutzen, der, inspiriert von Dickens und Dostojewski, die Leiden eines nach Gerechtigkeit dürstenden Intellektuellen schilderte, dessen Seele breiter war als die herzlose Welt, in die das Schicksal ihn hineingestoßen hatte.

Ich klappte meinen Tuschkasten auf, tauchte den Pinsel ins Faß und schrieb mit schwungvollen Lettern das Motto meines Romans, das ich Lu Hsüns Essay *Neue Rosen ohne Blüten* entnahm: »Wenn die Herrschenden auch nur eine Spur von Gewissen hätten, müßten sie dann nicht das bißchen Verantwortungsgefühl, das noch in ihnen steckt, in die Tat umsetzen? Statt dessen lassen sie Studenten massakrieren. Chinas Zukunft hält für die Mörder eine böse Überraschung bereit: Lügen, mit Tinte geschrieben, können niemals Fakten auslöschen, die mit Blut geschrieben wurden. Blutige Schuld wird mit gleicher Münze beglichen. Je mehr Zeit vergeht, desto höher die Zinsen!«

Ich hatte keine Ahnung, wie prophetisch diese Sätze waren, denn während ich mit großen Schritten den unter der Treppe gelegenenen Verschlag durchmaß, der mir als Wohnung diente – für ein eigenes Zimmer hatte mein karges

Salär von 38 Yüan nicht gereicht – klopfte jemand dreimal an das mit Zeitungspapier abgedichtete Fenster meines Kellerlochs. Da ich nicht sofort reagierte – meine Gedanken weilten bei dem gerade begonnenen Roman – wurde das Klopfen wiederholt. Das konnte zweierlei bedeuten: Entweder die drohende Festnahme durch die politische Polizei der Kuomintang oder die versuchte Kontaktaufnahme durch einen Mitarbeiter des sowjetischen Konsulats, mit dem ich dieses Erkennungszeichen vereinbart hatte. Ich schob mir eine Seidenschnur unter das Hemd, um mich den Verhören der Kuomintang notfalls durch Selbstmord zu entziehen, aber meine Furcht war unbegründet, denn ein Mann in wattierter Jacke, der sich durch seine Pelzmütze als Angestellter des sowjetischen Konsulats zu erkennen gab, überreichte mir einen Briefumschlag mit einer Zugfahrkarte nach Schanghai und der Aufforderung, mich dort zur angegebenen Zeit unter der Bahnhofsuhr einzufinden.

Obwohl ich in einem für Mütter mit Kindern reservierten Abteil der dritten Klasse reiste, fühlte ich mich bestätigt und geschmeichelt zugleich, denn das mir ausgehändigte Billet war der Beweis dafür, daß meine konspirativen Berichte nicht ungelesen geblieben waren: Die Rehabilitierung des Genossen Wang Shi-wei, verbunden mit dessen reumütiger Wiederaufnahme in die Partei, stand demnach unmittelbar bevor. Aber es sollte noch einmal anders kommen.

Kein GPU-Agent im Ledermantel erwartete mich, als ich, hungrig und übermüdet, in Schanghai den Zug verließ, sondern eine junge Frau schritt unter der Bahnhofsuhr auf und ab, in der ich schon von weitem Li Fens Freundin Liu Ying erkannte. Im Näherkommen sah ich, daß Tränen über ihre Wangen liefen, und machte mich auf eine schlechte Nachricht gefaßt. Es dauerte eine Zeitlang, bis ich ihren stammelnd hervorgebrachten, von Weinkrämpfen unterbrochenen Worten entnommen hatte, was nach meinem Weggang aus Peking passiert war. Bei einer Razzia im Universitätsviertel hatten Kuomintang-Soldaten Li Fen verhaftet und an einen unbekannten Ort verschleppt. Ihr letztes Lebenszeichen war ein Brief an mich, ein zerknüllter Zettel besser gesagt, den ein Vertrauensmann der Partei aus dem Gefängnis geschmuggelt hatte. Seiner Aussage nach hatte Li Fen sich bis zuletzt geweigert, die Namen ihrer Freunde und Genossen preiszugeben. Ob sie beim Verhör gefoltert oder vergewaltigt worden war und wie sie ums Leben gekommen ist, war dem Gewährsmann nicht bekannt.

Auf einer eilig einberufenen Versammlung hatte die Mehrheit der Mitglieder den Parteisekretär Teng wegen Unfähigkeit abgewählt und meine politische Rehabilitierung verlangt, der nach einigem Zögern widerwillig stattgegeben worden war. Erst nach langem Suchen – mit diesen Worten beendete Liu Ying ihren Bericht – hatte sie mit Hilfe der sowjetischen Freunde meinen Aufenthaltsort ausfindig gemacht.

Ich fühlte mich vom Blitz getroffen durch die schlechte Nachricht, der eine gute auf dem Fuße gefolgt war. Beides zusammen war zuviel für mich, und ich spürte, wie der Boden unter mir zu schwanken begann. Ich verlor das Gleichgewicht und hätte mich vor einen in den Bahnhof einrollenden Zug geworfen, hätte Liu Ying nicht ihre Arme um mich gelegt und mich mit einem Kuß vom Tod ins Leben zurückgeholt.

Götter und Dämonen schweigen beim Lesen des Gedichts: Dieses Motto aus der T'ang Dynastie hatte auch für mich Gültigkeit, während ich den zerknüllten Zettel glattstrich, auf den Li Fen in der Nacht vor ihrer Hinrichtung Verse des Dichters Li Shang-yin gekritzelt hatte, der einer für die damalige Zeit typischen Palastintrige zum Opfer gefallen war. Das achtzeilige Poem hatte folgenden Wortlaut, wobei die Übersetzung die Bedeutungsnüancen des Originals nur unvollkommen wiedergibt:

Sich wiederzusehen ist schwierig /
sich zu trennen noch mehr.
Der Ostwind verliert an Stärke /
hundert Blumen welken dahin.
Unermüdlich bis zum Tod /
spinnt die Seidenraupe ihre Fäden.
Das Knistern der Flamme wird lauter /
bevor sie zu Asche wird.
Frühmorgens sehe ich im Spiegel /
mein bleich gewordenes Haar.
Mein nächtliches Lied tönt vom Mond /
als kaltes Echo zurück.
Von hier bis zum Dach der Welt /
ist der Weg nicht mehr weit:
Grüner Vogel trag mich /
auf schwirrenden Flügeln dorthin.

6

Es war keine Liebesheirat, die mich mit Liu Ying verband, eher eine Vernunftehe, bei der ein nichthabendes Brauchen der einen Seite auf ein nichtbrauchendes Haben der anderen trifft, wie es im *Kapital* von Marx heißt. Wir heirateten nicht nach traditionellem Ritus – um auf den Gräbern unserer Ahnen Papiergeld zu verbrennen, waren wir zu arm – aber mit dem Segen der Partei, deren Chefideologen die bürgerliche Ehe ebenso ablehnten wie das Konkubinat, das sie insgeheim selbst praktizierten. Wir wurden Mann und Frau, doch trotz der lang entbehrten Geborgenheit stellte sich kein Glücksgefühl ein, und der Vollzug der Ehe ließ mich ebenso kalt wie der Wiedereintritt in die Partei, der, anders als mein Ausschluß, in aller Stille vonstatten ging. Ich kehrte der Politik den Rücken und schrieb mir in wenigen Wochen fieberhafter Arbeit all das von der Seele, was sich in Jahren dort aufgestaut hatte; ein Schaffensrausch hatte mich gepackt, und ich war sicher, daß der mit meinem Herzblut geschriebene Text vor dem Tribunal der Kritiker Bestand haben würde. Diesmal wurde ich nicht enttäuscht, aber bevor mein Buch *Der Geist des Nichtseins* im Verlag des Chinesischen Literaturbüros, einer Tarnorganisation der KPCh, endlich erschien, waren zahlreiche Hürden zu überwinden. Es handelte sich um lose miteinander verknüpfte Erzählungen, die zusammen so etwas wie einen Roman ergaben, und ich hatte das Manuskript an Lu Hsün geschickt, dessen in der Umgangssprache geschriebenen Kurzgeschichten und Essays mir beim Schreiben als Vorbild gedient hatten.

Lu Hsün war von Peking nach Schanghai übergesiedelt, und als ich um neun Uhr morgens an der Tür seiner am Rand des Europäerviertels gelegenen Wohnung klingelte, sagte mir der Hausdiener, sein Herr sei unpäßlich, und ich solle in einer halben Stunde wiederkommen. Dreißig Minuten später lag Lu Hsün noch immer im Bett, und der Diener bat mich, im Vorzimmer Platz zu nehmen, wo ein Dienstmädchen mir Ingwer-Konfekt und grünen Tee servierte. Die Uhr schlug zehn, ohne daß der Hausherr in Erscheinung trat, und weil ich damals noch nicht wußte, daß er an Tuberkulose litt, glaubte ich an eine faule Ausrede und übergab dem Diener meine Karte mit der Nachricht, daß ich mich nicht länger zum Narren halten lasse: Ich lege keinen Wert mehr darauf, Lu Hsün vorgestellt zu werden, und zöge die Lektüre seiner Bücher der Gesellschaft ihres Autors vor. Diese Mitteilung kritzelte ich auf die Rückseite meiner Visitenkarte und schlug wütend die Tür hinter mir zu.

Auf dem Weg zur Straßenbahn holte mich der Diener ein und führte mich, die Verspätung seines Herrn entschuldigend, zum Haus zurück, in dessen Wohnzimmer Lu Hsün mich in einem Korbstuhl sitzend erwartete. Er trug einen seidenen Hausmantel, und im durch zugezogene Vorhänge gefilterten Morgenlicht wirkte er noch blasser als auf den

Fotos, die ich von ihm gesehen hatte. Bei meinem Eintritt erhob er sich und sagte, er sei neugierig darauf, den jungen Schriftsteller kennenzulernen, der sich noch ungebärdiger benehme als der Affendämon im Roman *Die Reise nach Westen.* Mein Manuskript habe ihn beeindruckt, fuhr er fort und zündete sich trotz seines Lungenleidens eine Zigarette an, doch sei ich von literarischer Meisterschaft noch weit entfernt. Lu Hsün führte mich in einen an das Wohnzimmer grenzenden Arbeitsraum und zog unter Stapeln von Papier, die sich auf seinem Schreibtisch häuften, nach kurzer Suche mein Manuskript hervor, aus dem er laut vorzulesen begann: »Wird mein Glück von Dauer sein? Oder geschieht wieder etwas Unvorhergesehenes? Ich weiß es nicht. Heute weht überall die Fahne der Kuomintang: Blauer Himmel mit weißer Sonne, ringsherum ist alles blutrot. Niemand kann voraussagen, was morgen passieren wird. Aber was auch immer geschieht – mir ist alles recht: Solange getötet und gestorben wird, werden Särge gebraucht, und mein Geschäft blüht.«

Während Lu Hsün voll des Lobes war für die Rede des Sargtischlers, der vom Elend seiner Mitmenschen profitiert, ließ er kein gutes Haar am Hauptstück des Buches, das mir besonders gelungen erschien, weil ich hier mein eigenes Erleben und das Schicksal von Li Fen in kaum verhüllter Form geschildert hatte. »Diese Geschichte ist gar nichts wert«, meinte er und drückte im Aschenbecher seine Zigarette aus: »Ein Adoptivsohn, der sich in die Tochter seiner reichen Tante verliebt und mit der Geliebten in die Berge flieht, wo sie von Kuomintang-Soldaten vergewaltigt und ermordet wird. Das ist viel zu sentimental.« – »Aber es hat sich genauso zugetragen«, sagte ich mit bebender Stimme, ohne mir die Rührung anmerken zu lassen, die mich bei meinen Worten überkam. »Mag sein. Aber der Schluß der Geschichte, wo der Held den Tod seiner Geliebten rächt und sich, von Kuomintang-Soldaten umzingelt, den eigenen Kopf abhackt, ist ganz und gar unglaubwürdig. Haben Sie schon einmal versucht, sich selbst zu enthaupten? Nicht einmal die himmelstürmenden Riesen der Vorzeit, die ohne Kopf weiterkämpften, hätten das gekonnt.«

Ich gab mich geschlagen, aber was mich weit mehr irritierte als die vernichtende Kritik, war die Tatsache, daß Lu Hsün ausgerechnet meinen schwächsten Text für den besten hielt, in dem ein Waisenkind in der Küche eingemachte Lychees nascht und, auf frischer Tat ertappt, einen Topf mit Sirup umstößt, der sich über das Kleid seiner Tante ergießt. »Das ist keine Kindergeschichte«, sagte der berühmte Schriftsteller, »sondern eine Erzählung für Erwachsene, ein Gleichnis für alle sozialen Übel, an denen die chinesische Gesellschaft krankt. Aber ich habe ganz vergessen, meine Medizin zu nehmen!« Damit war die Audienz beendet, und ich verließ mit gemischten Gefühlen das Haus, ohne zu ahnen, daß mein schärfster Kritiker zugleich mein größter Fürsprecher war.

Sechs Wochen später erhielt ich die Zusage des Chinesischen Literaturbüros, mein Buch zu veröffentlichen, aber zwischen Annahme und Drucklegung des Manuskripts vergingen anderthalb Jahre, in denen ich mich mit Übersetzungen über Wasser hielt. Ich übertrug Eugene O'Neills Drama *Strange Interlude*, John Galsworthys Roman *The Property* und Thomas Hardys *Return of the Native* ins Chinesische, ohne zu wissen, wer mir die lukrativen Aufträge vermittelt hatte.

Als ich Lu Hsün wiedersah, war er vom Tode gezeichnet. Es war im Sommer 1936, und sein Atem ging nur noch stoßweise, während er mir, auf dem Bett sitzend, empfahl, in die von der Roten Armee befreiten Gebiete zu reisen, um meine literarische Arbeit in den Dienst der Massen zu stellen, gleichzeitig aber die Parteischriftsteller zu kritisieren, von deren Romanen Lu Hsün nicht viel hielt. Sie seien überzuckert, sagte er, wie auf Jahrmärkten feilgebotene, karamelisierte Äpfel – außen rotlackiert und innen weiß. Das waren die letzten Worte, die ich von ihm zu hören bekam.

7

Lu Hsüns Begräbnis wurde zur politischen Demonstration. Freund und Feind gaben sich in Schanghai ein Stelldichein, um den Sarg mit der sterblichen Hülle des Schriftstellers zu dessen letzter Ruhestätte zu geleiten. Sogar die Kuomintang-Regierung hatte einen Vertreter geschickt, der einen Kranz auf seinem Sarg niederlegte, während Lu Hsüns Sekretär Hu Feng die Grabrede hielt, die mit einem Gedichtzitat endete: »Mit gerunzelten Brauen blicke ich auf die Herrschenden, die anklagend mit Fingern auf mich zeigen. Doch willig beug ich mein Haupt, einem Kind als Büffel zu dienen.«

Nach Hause zurückgekehrt, eröffnete mir meine Frau, daß sie schwanger war. Ich hatte vorgehabt, zusammen mit ihr in die befreiten Gebiete überzusiedeln, um mein Lu Hsün gegebenes Versprechen zu erfüllen und dem Volke zu dienen, aber das war leichter gesagt als getan. Nach nächtelanger, zermürbender Diskussion einigten wir uns darauf, das Kind abtreiben zu lassen. Der Eingriff, der den letzten Rest unseres mühsam gesparten Geldes verschlang, führte nicht zu dem erwünschten Ergebnis, und ich beschloß, allein nach Yenan zu fahren und Liu Ying nach der Geburt des Babys dorthin nachkommen zu lassen. Während ich mich unter Tränen von ihr verabschiedete, ahnte ich nicht, wie beschwerlich und gefährlich die Reise ins Rätegebiet von Nord-Shensi war und daß ich meine Frau und mein Kind nie wiedersehen würde.

Die Großstädte waren von japanischen Truppen besetzt, kleinere und mittlere Städte von Soldaten der Kuomintang, und im von der Roten Armee befreiten Hinterland hatte die Luftwaffe des Generals Tojo Bahnhöfe und Schienenwege bombadiert, so daß ich gezwungen war, vom Zug auf einen Lastkahn umzusteigen, dessen Passagiere von Flußpiraten überfallen und bis aufs Hemd ausgeplündert wurden. Nur ich kam ungeschoren davon – nicht weil die Banditen im Parteiauftrag handelten, wie die Lügenpropaganda der Kuomintang behauptete, sondern weil bei mir nichts zu holen war. Danach stieg ich vom Schiff auf einen altersschwachen Esel um, den ich im Austausch für meine wattierte Jacke erwarb. Beim Ritt ins Gebirge versperrten mir nicht nur tiefe Schluchten den Weg, die ich wie die Soldaten der Roten Armee auf schwankenden Hängebrücken überwand, sondern auch rebellische Bergstämme, die von Reisenden Wegzölle forderten, und aufständische Bauern, die jeden des Lesens und Schreibens Kundigen für einen Mandarin oder Feudalherren hielten. Ich teilte meinen letzten Proviant mit ihnen, und nach Überquerung des Liu P'an-Bergs, wo ich mich von geschmolzenem Schnee ernährte wie ein roter Partisan oder ein taoistischer Mönch – bei Licht besehen Vertreter ein und derselben Zunft –, traf ich ausgehungert und erschöpft in Yenan ein, dessen Lößhöhlen und Lehmhütten mir nach dem langen Marsch wie Paläste und Pagoden vorkamen.

Unterwegs hatte mein Esel noch mehr auszustehen gehabt als ich: Er schlug sich an Fels- und Eiskanten die Knöchel blutig, und meine schweren Packtaschen hatten seine Flanken wund geschrammt; sein graubraunes Fell war von Geschwüren bedeckt, auf denen Fliegen herumkrochen, und wenn er vor Müdigkeit stehen blieb, war er weder durch Drohungen noch durch gute Worte zum Weitergehen zu bewegen. Jetzt aber witterte er Morgenluft; vielleicht war es auch der Duft des langentbehrten Heus, der seine Nüstern blähte. Das Grautier setzte sich wiehernd in Bewegung und wirbelte den Lehmboden zu gelben Staubwolken auf, während ich auf Eselsrücken nach Yenan einritt wie einst Jesus Christus nach Jerusalem. Aber anders als im Matthäus-Evangelium, das wir unter Anleitung eines anglikanischen Priesters in der Schule gelesen hatten, gaben nur Straßenköter und Gassenkinder dem neuen Messias das Geleit. Wieder so ein unpassender Vergleich, den ich besser unterlassen hätte, denn in den von der Roten Armee befreiten Gebieten von Shensi und Kansu hatte die Partei den religiösen Aberglauben abgeschafft und durch die wissenschaftliche Weltanschauung des Marxismus-Leninismus ersetzt. Gleichzeitig hatten Marx und Lenin uns gelehrt, das kulturelle Erbe nicht zu verachten und uns die wertvollsten Errungenschaften der Literatur aller Zeiten und Völker kritisch anzueignen, wie die Parteizeitung *Jiefang Ribao* in einem Leitartikel schrieb. Ob dazu auch die christliche Bibel, die Bücher der Weisheit und die Schriften der chinesischen Klassiker gehörten, hätte ich gerne gewußt; und weil niemand in Schanghai und Kanton mir diese Frage beantworten konnte oder wollte, war ich nach Yenan gepilgert, um in der Hauptstadt der Räterepublik, die noch immer einer Baugrube ähnelte, herauszufinden, ob die Wirklichkeit der Propaganda entsprach oder nicht.

8

Was mich vom ersten Tag meines Aufenthalts an irritierte, war die Tatsache, daß man mich mit denselben jämmerlichen Privilegien zu ködern versuchte, denen ich zusammen mit meiner Klasse und meinem Stand den Rücken kehren wollte, um meine Arbeit in den Dienst der Volksmassen zu stellen. »Ich kann nur schreiben, wenn ich Huhn mit Reis gegessen habe«, sagte Hsian Hsing-hai, der Leiter des Literaturinstituts, das mich als Englischübersetzer angestellt hatte, und empfahl mir, zusätzliche Lebensmittelrationen zu beantragen: Als Romanautor und Akademiker brauche ich nicht mit dem für Analphabeten vorgesehenen Fraß Vorlieb zu nehmen. Gleichzeitig riet er mir, meinen Esel nicht an der Sammelstelle der Roten Armee abzuliefern, sondern lieber auf dem Schwarzmarkt zu verkaufen, wo er mehr Geld einbringe; mit dem Erlös solle ich mir einen Mantel kaufen, denn der Winter in Nord-Shensi sei äußerst streng. Ich schlug seine Warnung in den Wind, der schon jetzt schneidend kalt durch die Löcher in meinen Hosen pfiff, und reihte mich in die Warteschlange vor der Effektenkammer ein, in der warme Winterkleidung ausgegeben werden sollte. Hier wurde mir eine nützliche Lehre zuteil, die ich zwar theoretisch begriffen, aber noch nicht am eigenen Leib erfahren hatte. In der Roten Armee gab es keine Rangabzeichen, denn vor der Partei, die wie eine Ananas tausend Augen hat, waren alle gleich – nur einige wenige waren gleicher als gleich. Die Offiziere des Generalstabs und Mitglieder des Zentralkomitees trugen maßgeschneiderte Uniformen, dazu Reitstiefel oder Schnürschuhe, die von ihren Leibwächtern oder Ordonnanzen täglich auf Hochglanz poliert wurden, während einfache Parteikader mit Baumwollhosen und -hemden sowie Bastschuhen Vorlieb nehmen mußten – Gummistiefel waren nur auf dem Schwarzmarkt zu bekommen. Als die Reihe an mich kam, warf der Verwalter der Kleiderkammer – ein Rotarmist in gutsitzender Uniform – einen abschätzigen Blick auf mich: Intellektuelle standen nicht hoch im Kurs in der Partei, und nachdem er sich überzeugt hatte, daß er einen *Shu-sheng,* einen arbeitslosen Akademiker, vor sich hatte, reichte er mir einen zerschlissenen Anzug, der keinerlei Schutz vor der Kälte bot und wie ein Pyjama um meine dürren Arme und Beine schlotterte.

Als ich mich bei Hsian Hsing-hai beschwerte, kritzelte er eine Notiz auf einen Zettel, den er von seinem Stellvertreter, dem Parteisekretär des Literaturinstituts, abstempeln und gegenzeichnen ließ. Diesmal brauchte ich nicht in der Kälte anzustehen und wurde an der Warteschlange vorbei ins Hinterzimmer der Baracke geführt, wo man mir, nachdem ein Schneider Maß genommen hatte, mit vielen Verbeugungen eine gefütterte Jacke und Hose überreichte, dazu eine Ballonmütze und warme Filzstiefel.

Und als sei es damit noch nicht genug, bekam ich einen Arbeitsplatz zugewiesen in einem beheizten Büro, wo ich in den folgenden Wochen, während die Hügel von Yenan im immer dichter werdenden Schneetreiben versanken, die Schriften der Klassiker übersetzte. Damit waren weder Konfuzius, noch Lao Tse oder Meng Tse gemeint, sondern Marx und Engels, dessen Abhandlung *Die Entwicklung des Sozialismus von der Utopie zur Wissenschaft* ich in wenigen Wochen aus dem Englischen ins Chinesische übertrug, während ich mir monatelang die Zähne ausbiß am *18. Brumaire des Louis Bonaparte* von Marx – nicht aus Liebe zur Sache, sondern im Auftrag der Partei.

Um mich von der Überdosis marxistischer Ideologie zu erholen, las ich in meiner Freizeit alte chinesische Romane und schrieb auf dem Kang, dem beheizten Lehmofen liegend, bei Kerzenschein Gedichte und Geschichten, die ich, um keinen Anlaß zur Kritik zu bieten, außer ein oder zwei Freunden niemandem zu lesen gab. Ich hatte mir vorgenommen, aus den Fehlern der Vergangenheit zu lernen und unnötige Konflikte mit meinen Arbeitgebern zu vermeiden, was mir in der ersten Zeit auch gelang.

9

Am 7. Dezember hatte die Luftwaffe des Generals Tojo die in Pearl Harbor ankernde amerikanische Flotte versenkt, und die Vereinigten Staaten hatten Hitlerdeutschland und dem Kaiserreich Japan den Krieg erklärt, aber die Nachricht, die uns auf dem Umweg über Moskau erreichte, rief in Yenan, durch sowjetische Propaganda gefiltert und durch sibirischen Schnee gedämpft, nur ein schwaches Echo hervor. Der Winter 1941/42, den ich lesend und schreibend, am Ofen sitzend oder auf dem Kang liegend, zubrachte, gehörte zur glücklichsten Zeit meines Lebens. Liu Ying hatte einen gesunden Knaben zur Welt gebracht, und sobald das Eis der Flüsse zu schmelzen und der Schnee auf den Bergen zu tauen begann, wollte ich nach Schanghai zurückkehren, um meine Frau und mein Kind in die Arme zu schließen, denn obwohl es mir in Yenan an nichts fehlte, zog ich den Terror der Kuomintang der Diktatur der Partei vor, die ihre Menschenverachtung hinter hohltönenden Phrasen verbarg.

Ähnlich wie zehn Jahre zuvor, als sich der aufgestaute Druck gewaltsam entladen hatte, schrieb ich mir mein Leid von der Seele in einem Text, der die Erinnerung an meine gescheiterte Liebe mit den politischen Enttäuschungen der Gegenwart verband. »Als ich am Ufer des Flusses entlang spazierte,« – mit diesen Worten setzte die Geschichte ein – »sah ich eine junge Frau in baumwollgefütterten Schuhen, wie sie vor dem Krieg Mode gewesen waren. Ihr Anblick rief mir eine andere junge Frau ins Gedächtnis, die ebensolche, mit Baumwolle gefütterte Schuhe getragen hatte: Li Fen, die große Liebe meines Lebens. Noch heute, mehr als zwölf Jahre nach ihrem Tod, bekomme ich Herzklopfen, wenn ich an sie denke, und spüre, wie sich mein Pulsschlag beschleunigt und das Blut schneller durch meine Adern fließt.«

»Die Geschichte heißt *Bittere Lilien*« – mit diesen Sätzen endet der Text – »und ich habe den Titel aus gutem Grund gewählt, weil ich auf der Reise nach Yenan am Wegrand wachsende, wilde Lilien sah, deren Reinheit und Schönheit dem Bild entsprechen, das ich von Li Fen in mir trage. Ihre Blüten haben die gleiche Form und Farbe wie richtige Lilien, aber sie riechen nicht so süß. Ich habe gehört – aber ich weiß nicht, ob diese Information stimmt – daß bittere Lilien medizinisch wertvoller sind, weil sich aus ihnen eine heilkräftigere Arznei destillieren läßt als aus süßen.«

Was der Text wohlweislich verschwieg, war die Quelle,

aus der ich meine Inspiration bezog: Das Matthäus-Evangelium, in dem von den Lilien auf dem Felde die Rede ist, die nicht arbeiten und nicht spinnen, und doch schöner sind als die Gewänder des Königs Salomo. Obwohl die Geschichte nicht zur Veröffentlichung bestimmt war, übte ich mich in verauseilendem Gehorsam und beugte mich, durch Schaden klug geworden, der Zensur – Selbstzensur ist das bessere Wort dafür. Aber es hat alles nichts genutzt.

Hsian Hsing-hai, dem ich den Text zu lesen gegeben hatte, gab ihn hinter meinem Rücken weiter an Ting Ling, eine Schriftstellerin aus Schanghai, deren Romane Lu Hsün als *unrevolutionäres Eifern für die Revolution* verspottet hatte. Ting Ling hatte in der Partei Karriere gemacht, und Mao Tse-tung, der Vorsitzende des Politbüros, mit dem sie mehr als nur politische Freundschaft verband – man munkelte, die beiden hätten ein Verhältnis miteinander – hatte sie zur Redakteurin der Zeitung *Jiefang Ribao* ernannt, auf deren Literaturseite am 13. März 1942 der erste Teil meiner Erzählung *Bittere Lilien* erschien. Trotz meiner Proteste – niemand hatte mich vorher informiert oder um mein Einverständnis gebeten – druckte die Zeitung zehn Tage später die Fortsetzung – auf allgemeinen Wunsch der Leser, wie Ting Ling in einem redaktionellen Vorspann schrieb. Mein Text löste heftige Kontroversen aus; die Parteikader rissen einander die druckfrischen Exemplare aus den Händen, und die Zeitung war über Nacht ausverkauft, denn es war zum ersten Mal, daß in dem Blatt, das sonst nur dürre Kommuniqués und langatmige Erklärungen druckte, von Liebe die Rede war, und daß Mißstände offen beim Namen genannt wurden. Beides war kein Zufall: Erst kürzlich hatte das Politbüro, auf Weisung seines Vorsitzenden, die Parteimitglieder aufgefordert, kein Blatt vor den Mund zu nehmen und nicht nur die Machenschaften des Klassenfeinds, sondern auch Irrtümer und Fehler in den eigenen Reihen schonungslos anzuprangern. *Kritik und Selbstkritik* hieß die von

Mao persönlich ausgegebene Devise, aber wie weit diese Kritik gehen durfte, und ob die Einlösung des kommunistischen Glücksversprechens auf den Tag nach dem Sieg verschoben oder hier und jetzt einzuklagen war, ging aus den ideologischen Verlautbarungen nicht hervor. Klar war nur, daß für die Entscheidung zum Abdruck meines Texts nicht dessen literarische Qualität den Ausschlag gab, sondern die Übereinstimmung mit der neuesten Wendung der Parteilinie, die Ting Ling damit unter Beweis stellte.

Ich war als Shu-sheng nach Yenan gekommen, Strandgut der Revolution wie so viele arbeitslose Akademiker, und plötzlich war ich über Nacht berühmt. Ich wurde als Held gefeiert auf Versammlungen, denen ich vorsichtshalber fernblieb, und in Anerkennung meiner Verdienste überreichte eine Abordnung des Zentralkomitees mir eine russische Pelzmütze und fabrikneue amerikanische Gummistiefel – zwei Artikel, deren Fehlen ich in meinem Text beklagt hatte. Für beides fand ich keine Verwendung mehr, denn nach dem langen Winter war explosionsartig der Frühling ausgebrochen und überzog die Hügel von Yenan mit wilden, bitter duftenden Lilien, von denen in meiner Geschichte die Rede war.

10

Im Vorgefühl, daß mein Glück nicht von Dauer sein würde, packte ich meine Sachen, um nach Schanghai zurückzukehren, aber Hsian Hsing-hai bat mich, die Abreise um ein paar Tage zu verschieben mit dem Argument, die Straßen nach Süden würden von Wegelagerern unsicher gemacht. Aus Tagen wurden Wochen, aus chinesischen Wegelagerern wurden japanische Flugzeuge und Soldaten der Kuomintang, bis ich mich, von der Hinhaltetaktik ermüdet, über alle Einwände hinwegsetzte und am nächsten Tag abzureisen beschloß. Es war der 1. Mai, und an diesem Morgen brachte die Parteizeitung einen Leitartikel *Über die Irrtümer des Genossen Wang Shi-wei* aus der Feder des Chefredakteurs Fan Wen-lan. Von da an ging es Schlag auf Schlag, und die Bezeichnung *Genosse* fiel bald ebenso unter den Tisch wie das gewundene Lob, das Fan Wen-lan trotz ideologischer Bedenken der künstlerischen Qualität meines Textes gezollt hatte. »*Bittere Lilien:* Eine kritische Selbstprüfung« – »Politik und Pseudokunst« – »Von Lu Hsüns Essays zu Wang Shi-weis falscher Ideologie« – »Die in Yenan versammelten proletarisch-revolutionären Schriftsteller fordern die vollständige Zerschlagung der trotzkistischen, parteifeindlichen Gruppe um Wang Shi-wei!« So lauteten die zuerst auf Wandzeitungen und später in Leitartikeln verbreiteten Parolen, die von politischer und persönlicher Diffamierung bis zum Mordaufruf eskalierten, und es überraschte mich nicht, daß meine Lobredner von gestern über Nacht zu Scharfmachern mutiert waren, um sich durch ein Übersoll an Parteitreue von jedem Verdacht reinzuwaschen.

Man warf mir vor, die proletarische Literatur in Frage zu stellen, wie Trotzki dies in den zwanziger Jahren getan habe, und der bürgerlichen Kultur den Vorzug zu geben: Eine Todsünde, die, anders als 1937 in Moskau, in Yenan nicht mehr mit Genickschuß bestraft wurde, sondern mit politischer Isolierung und ideologischer Umerziehung, der ich mich durch Fernbleiben von allen Parteiversammlungen entzog. Anders als die Opfer der Moskauer Prozesse war ich nicht bereit, meinen Henkern die Arbeit abzunehmen und mich aktiv an meiner Entlarvung als Volksfeind zu beteiligen. Erschwerend kam hinzu, daß ich zu meiner Rechtfertigung Lu Hsün zitiert hatte, der gleichfalls trotzkistischer Tendenzen bezichtigt worden war, bevor die Partei ihn nach seinem frühen Tod heilig gesprochen und zum untadeligen Vorbild erklärt hatte. Chinas bedeutendster Schriftsteller hatte mehrfach lobend meinen Namen erwähnt, während an keiner Stelle seines vielbändigen Werks von Mao Tse-tung die Rede war. Vielleicht war dies der Grund, warum der Vorsitzende des Politbüros sich persönlich in die Debatte einschaltete und im Licht einer Stall-Laterne die zu einer Wandzeitung – chinesisch *dazibao* – aneinander gereihten Debattenbeiträge las. Ich weiß nicht, wer die in allen Geschichtsbüchern erwähnte Stall-Laterne gehalten hat: War es Maos Sekretär Chen Po-ta, der mich des bürgerlichen Humanismus, oder seine Geliebte Ting Ling, die mich des Trotzkismus bezichtigt hatte: »*Hen hau* – ausgezeichnet, ganz ausgezeichnet«, soll Mao Tse-tung gemurmelt haben, nachdem er die Lektüre beendet hatte, denn er trug sich schon lange mit dem Gedanken, seine verstreuten Äußerungen über Kunst und Literatur zu einem Grundsatzreferat zusammenzufassen, um die in Yenan versammelten Schriftsteller auf die Parteilinie einzuschwören, und ich kam ihm als Sündenbock wie gerufen dafür.

11

»Man sagt, der grundlegende Ausgangspunkt für Literatur und Kunst sei die Liebe«, – mit diesen Worten begann der Vorsitzende Mao seine Ausführungen; ich war selbst nicht dabei, aber am nächsten Tag konnte ich den Text in der Parteizeitung nachlesen, der unter dem Titel *Rede auf der Beratung über Fragen der Kunst und Literatur in Yenan* kanonische Bedeutung erlangen sollte: »Aber es gibt ebensowenig grundlose Liebe wie grundlosen Haß. Was die sogenannte Liebe zum Menschen anbelangt, so hat es sie nicht mehr gegeben seit der Zeit, da sich die Gesellschaft in Klassen spaltete, und echte Liebe zum Menschen wird erst dann wieder möglich sein, wenn überall auf der Welt die Klassen abgeschafft sind. Wir können unsere Feinde nicht lieben, können die widerwärtigen Erscheinungen in der Gesellschaft nicht lieben, denn unser Ziel ist deren Vernichtung. Das ist eine Binsenwahrheit – sollten unsere Schriftsteller das noch nicht begriffen haben?«

»Man versichert, die Zeit des Essays sei noch nicht vorbei und wir brauchten noch die Schreibweise Lu Hüns«, fuhr Mao Tse-tung fort, nachdem er sich mit einem Schluck Jasmintee gestärkt hatte. »Lu Hsün war der Redefreiheit beraubt und kämpfte mit den Waffen der scharfen Satire und kalten Ironie. Aber selbst in seiner Essay-Periode machte er sich nie über die revolutionären Parteien lustig oder griff diese an. Deshalb dürfen in den befreiten Gebieten von Shensi und Kansu Essays nicht mehr in der Form geschrieben werden, wie Lu Hsün sie schrieb. – Warum sollte man das Proletariat, die Kommunistische Partei und den Sozialismus nicht besingen?« Doch es gibt noch Menschen, die sich nicht für die Sache des Volkes begeistern und abseits stehen in unserem Kampf. Diese kleinbürgerlichen Individualisten haben nur an Selbstlob Gefallen, anstatt den Mut der Massen zu preisen und deren Siegeszuversicht zu stärken. Solche Menschen sind Schädlinge, und die revolutionären Massen fegen sie wie Unrat hinweg. Wer wirklich gute Absichten verfolgt, muß aufrichtig Selbstkritik üben und seine Mängel und Fehler korrigieren. Nur so führt die Selbstkritik zum Ziel, und nur dieser Standpunkt ist korrekt.«

Nach dieser mit minutenlangem Beifall aufgenommenen Rede mieden mich meine Arbeitskollegen und früheren Freunde wie einen Leprakranken. Das Literaturinstitut hatte mir gekündigt, aber ich durfte mich frei in Yenan bewegen mit der Auflage, die Stadt ohne Erlaubnis der Räteregierung nicht zu verlassen. Dann war auch das zu Ende, und ich wurde unter Hausarrest gestellt, angeblich zu meinem eigenen Schutz, und im Morgengrauen von einem Trupp Rotarmisten abgeholt. Sie fesselten mir die Hände, knüpften mir eine Binde um die Augen und setzten mich auf einen Lastwagen, dessen Plane sie zuschnürten, um mich, wie sie sagten, vor dem Volkszorn zu beschützen. Der Lastwagen fuhr auf einer holprigen Piste in die Berge und hielt irgendwo oberhalb der Stadt. Ein Soldat steckte mir eine Zigarette in den Mund, und das letzte, was ich durch das verrutschte Tuch hindurch sah, war eine am Wegrand wachsende Lilie, die nicht süß, sondern bitter gerochen haben muß. Aber diesen Gedanken habe ich schon nicht mehr gedacht.

12

Hier endet meine Geschichte, noch bevor sie richtig begonnen hat, und der Protagonist erteilt noch einmal dem Chronisten das Wort, um nachzutragen, was aus den im Text erwähnten Personen geworden ist. Als Wang Shi-weis Witwe nach langer und beschwerlicher Reise mit ihrem kleinen Sohn in Yenan eintraf, weigerten sich die zuständigen Behörden, über den Verbleib ihres Mannes Auskunft zu geben. Es hieß, er habe sich freiwillig zur Front gemeldet und kehre demnächst nach Yenan zurück. Dann wieder hieß es, Wang Shi-wei sei in japanische Kriegsgefangenschaft geraten, gefallen oder vermißt, und als Liu Ying sich mit dieser Antwort nicht zufrieden gab, wurde sie mit dem Hinweis auf militärische Geheimnisse abgespeist und, da sie den Behörden weiterhin lästig fiel, nach Schanghai zurückgeschickt. Nach Gründung der Volksrepublik schrieb sie an den Staatspräsidenten, um Auskunft über das Schicksal ihres Mannes zu bekommen. Dem Vernehmen nach bekam Mao Tse-tung einen Wutanfall, als sein Sekretär Chen Po-ta ihm mitteilte, er selbst habe Wang Shi-weis Hinrichtung angeordnet, und ein Erschießungskommando der Roten Armee habe das Urteil vollstreckt. Das sei ein Mißverständnis, rief der Vorsitzende und raufte das spärlich gewordene Haar an seinem Hinterkopf: Er habe lediglich ideologische Irrtümer kritisiert, aber niemanden zum Tode verurteilt. Wang Shi-wei habe nicht nur Talent, sondern auch Charakter besessen, eine seltene Eigenschaft in kolonialen und halbkolonialen Ländern, und er bedaure es heute, wo er nur noch von Jasagern und Speichelleckern umgeben sei, Wang Shi-Weis Kritik nicht ernst genommen zu haben.

Mitte der 50er Jahre legte Mao Tse-tung alle Staatsämter nieder, um sich ganz auf die Führung der Partei zu konzentrieren, und gab die Losung *Laßt hundert Blumen blühen und hundert Denkschulen miteinander wetteifern* aus. Ähnlich wie 1942 in Yenan wurden Schriftsteller und Künstler aufgefordert, Machtmißbrauch und bürokratische Willkür zu kritisieren, und wie damals endete die Kampagne mit einer großangelegten Säuberung, der Lu Hsüns Freunde und Schüler zum Opfer fielen, unter anderem Hu Feng, der in Schanghai die Grabrede gehalten hatte. Auch Ting Ling wurde von dem Unterdrückungsapparat überrollt, dessen Rädchen und Schräubchen sie gewesen war: Obwohl sie sich stets an die Parteilinie gehalten und für ihren Roman *Sonne über dem Sangkan-Fluß* 1951 den Stalin-Preis zuerkannt bekommen hatte, wurde sie wegen ideologischer Abweichungen zu Zwangsarbeit verurteilt und mit jahrzehntelangem Schreibverbot belegt. Mao Tse-tungs Sekretär Chen Po-ta erging es nicht besser: Er starb 1986, im gleichen Jahr wie Ting Ling, im Gefängnis als Hauptschuldiger an den Verbrechen der Kulturrevolution, die Mao ausgerufen hatte, um den Widerstand seiner innerparteilichen Gegner zu brechen.

1978 erhielt Liu Ying vom Kulturministerium endlich die Bestätigung, daß Wang Shi-wei im Juni 1942 hingerichtet worden war, nachdem die Justizbehörden bis zuletzt behauptet hatten, er habe sich durch Flucht nach Taiwan seiner drohenden Verhaftung entzogen. Wang Shi-wei war der erste, aber nicht der letzte chinesische Schriftsteller, der bei einer von Mao inszenierten Säuberungskampagne ums Leben kam, und wurde erst Mitte der 90er Jahre offiziell rehabilitiert. Inzwischen hatte der Yüan durch Einführung der Marktwirtschaft einen Teil seiner Kaufkraft verloren, und die der Witwe zugesprochene Rente war zum Leben zu wenig und zum Sterben zu viel.

PLÄDOYER DES STAATSANWALTS WYSCHINSKI IN DER STRAFSACHE DES CHEFS DER POLARSTATION SEMENTSCHUK UND DES HUNDESCHLITTENLENKERS STARZEW

Genossen Richter!
Es wäre falsch, die Tragödie, die einen der hervorragenden Vertreter unserer Arbeit in der nördlichen Arktis, Doktor Nikolai Lwowitsch Wulfson, von der Liste der Polarforscher strich, zum Mittelpunkt dieses Verfahrens zu machen. Es wäre falsch, weil die Ermordung Doktor Wulfsons nur ein Glied in einer Kette abscheulicher Verbrechen ist, die sein Mörder Sementschuk beging, nachdem er sich den Posten des Chefs einer arktischen Überwinterungsstation erschlichen hatte. Es wäre auch deshalb falsch, weil die Ermordung Doktor Wulfsons nur richtig beurteilt und verurteilt werden kann auf der Basis von Sementschuks staatsfeindlichem Verhalten, welches es der öffentlichen Anklage gestattet, die Verbrechen Sementschuks auf Grund des Artikels 59-3 STGB der RSFSR als Banditismus zu qualifizieren. Die Feinde der Sowjetmacht richten ihr Augenmerk auf alle Erscheinungen negativer Art, wie sie unvermeidlich sind im Leben unseres kolossalen und gigantischen Staates, der einen heroischen Kampf führt gegen die Überreste der Ausbeuterklassen, gegen überlebte Vorurteile und alte Gewohnheiten, gegen den moralischen Kot, der uns am Vorwärtskommen hindert und den wir von unseren Schuhsohlen abzustreifen trachten. Dieser Umstand erklärt die ungewöhnliche Aufmerksamkeit und Sorge, die der Erschließung des Hohen Nordens entgegengebracht wird von Seiten unserer Partei und ihres genialen Führers, des Genossen Stalin. Die Fortschritte der Polararbeit erfüllen uns mit berechtigtem Stolz. Wir alle sind stolz auf sie, nicht nur im

Vergleich zu dem, was der Hohe Norden vor der Oktoberrevolution war, sondern auch im Vergleich zu dem, was er noch vor kurzem darstellte. 1935 war das erste Jahr der Erprobung des nördlichen Seewegs. Um die Bedeutung dieser Tatsache voll zu würdigen, muß man sich vergegenwärtigen, daß es sich um ein Eismeer handelt, das von sowjetischen Seeleuten, sowjetischen Gelehrten und sowjetischen Polarforschern erstmals von Ost nach West und von West nach Ost durchquert worden ist. Die Rede ist von einem ungezügelten Element, das durch die Schöpferkraft der Sowjetmenschen zu einer Schiffahrtsstraße umgestaltet worden ist. Das sind Menschen Stalinschen Arbeitsstils und Stalinscher Denkweise, die selbst vor größten Schwierigkeiten keinen Millimeter zurückweichen!

1924 wurden auf der Wrangel-Insel die Fahnen imperialistischer Staaten, die sich in diesem entlegenen Winkel unseres Territoriums eingenistet hatten, niedergeholt und die Sowjetflagge gehißt, die seitdem als Banner des Sieges über dem Polareis weht, Symbol des glücklichen Lebens, das die Oktoberrevolution vom Festland herübergebracht hat. Der Leiter der ersten Überwinterungsstation in der Arktis, Genosse Minejew, hat die Aufgabe, das Vertrauen der Eskimos zu erringen, glänzend gelöst. In strikter Übereinstimmung mit der Generallinie der Partei bewies er, daß der Bolschewik ein Freund der Eingeborenen ist und kein Kolonialherr und Kaufmann, der die Inselbewohner ausplündert und betrügt. Genosse Minejew unterhielt sich in seiner Freizeit politisch mit den Eskimos; er erzählte ihnen von den Siegen der Sowjetmacht, von den Erfolgen der Kommunistischen Partei beim Aufbau des Sozialismus und von den Schönheiten unserer Heimat, des großen Sowjetlands. Genosse Minejew brachte den Eskimos bei, wie man Walrosse und Polarfüchse fängt, er zog die Jagd wissenschaftlich auf und trug damit zur Verbesserung ihrer materiellen Lage und zur Erhöhung ihrer Kultur bei. Mit der

Fackel der Lenin-Stalinschen Nationalitätenpolitik erwärmte er das kalte Herz der Eskimos, zerschlug das Eis, das die Beziehungen der Eskimos zu Rußland in Fesseln gelegt hatte, und lehrte sie, die Bolschewiki als ihre älteren Brüder, Freunde und Helfer zu achten.

Während der fünf Jahre, die Minejew auf der Insel weilte, wurden dank seiner ausgezeichneten organisatorischen Arbeit 800 Polarfüchse gefangen, 225 Eisbären erlegt, zwei Tonnen Walroßzähne und eine ebensolche Menge Mammutknochen gesammelt. »Die Eskimos sind ein leichtlebiges Völkchen«, sagt Genosse Minejew, »sie bringen es fertig, solange in ihren Iglus zu sitzen, bis das letzte Stück Walroßfleisch verzehrt ist. Wenn sie kamen und mich um zwei Sack Mehl baten, ließ ich sie ihnen ab. Verlangten sie Zucker, teilte ich welchen aus, allerdings nur so lange, als sie nicht dazu übergingen, sich Schnaps daraus zu brennen.« Die Eskimos begriffen bald, daß Zucker nicht nur süß ist, sondern auch in scharfem Zustand schmeckt, und als guter Bolschewik schritt Genosse Minejew dagegen ein: »Aus dem Zucker brennt ihr Schnaps, liebe Freunde, und vergiftet euch mit Alkohol, deshalb gebe ich euch keinen Zucker mehr.« Und er tat recht daran. Wie Minejew erzählt, waren die Eingeborenen versessen auf alles, was glänzt. Die Überwinterer hatten vernickelte Tabletts und versilbertes Eßbesteck, und die Eskimos wollten die Eßbestecke erwerben um jeden Preis, aber Genosse Minejew verkaufte sie ihnen nicht. Kamen sie zu ihm zu Besuch, deckte er den Tisch mit versilbertem Besteck, und die Eskimos speisten mit großem Genuß, aber Genosse Minejew verkaufte ihnen nichts, weil er nicht von ihrer Schwäche profitieren und wertlose Blechlöffel gegen kostbare Pelze eintauschen wollte.

Als lebendiges Zeugnis für die Liebe und das Vertrauen, das Genosse Minejew, dieser echte und wahre Bolschewik, bei den Eskimos genoß, möchte ich den folgenden Brief verlesen, den ein alter Eskimojäger namens Tajan vom kleinen zum großen Land, also von der Wrangel-Insel zum Festland geschickt hat. Er atmet soviel Frische, Geradheit und menschliche Wärme, daß ich ihn wörtlich zitieren muß: »Guten Tag lieber Minejew, früherer Chef. Haben alle Pakete von Flugzeug bekommen, Buch, Bonbons, Fotografien. Alle Eskimos freuen über Pakete und Brief. Habe allen gegeben an wen draufgeschrieben war. Wir Eskimos immer an euch denken und nicht vergessen. Wirden euch was schicken, aber nicht kann, weil hier nix haben. Gruß Dir und Anachak.« Dieser Brief ist ein würdiger und schöner Beweis für die Richtigkeit der Lenin-Stalinschen Nationalitätenpolitik, die den Hohen Norden der Sowjetunion durch die Festigung der Eskimowirtschaft zum Paradies auf Erden gemacht hat. Mit diesen Worten hat Genosse Minejew die Situation auf der Wrangel-Insel und der gesamten Tschuktschen-Halbinsel charakterisiert, und der Brief des alten Eskimojägers bestätigt, daß er nicht übertrieben hat. »Bei meinem Weggang von der Wrangel-Insel«, sagt Genosse Minejew, »waren soviel Mehl, Reis und Tafelbutter übriggeblieben, daß es auf viele Jahre hinaus gereicht hätte.« Außerdem hinterließ er einen reichlichen Vorrat an Fellen: Mehrere tausend Rentierhäute, fünftausend Pfoten für Stiefel, Pelze nordischer Vielfraße und Fellmäntel mit Kapuzen – ein Sortiment, auf das jedes staatliche Warenhaus hätte stolz sein können. Sementschuk übernahm also eine vorzüglich geordnete Wirtschaft. Und was tat Sementschuk mit diesem wertvollen Erbe? Er verschleuderte es – im wahrsten Sinn des Wortes! 50 Polarfüchse und 25 Eisbären in acht Monaten – das war das Ergebnis seiner Schädlingsarbeit! Genosse Minejew ließ in der Rodgers-Bucht 25 ausgeweidete Walrosse zurück. Sementschuk brauchte bloß ihr Fleisch einzulagern, um mit diesem Vorrat die Ernährung der Eskimos zu sichern. Aber er ergänzte die Vorräte nicht und lagerte das gefrorene Fleisch nicht ein, es wurde von der Frühjahrsflut fortgeschwemmt und von Seevögeln und Füchsen gefressen, sodaß der von Minejew gesammelte Schatz verlorenging. Das war Schädlingsarbeit, kein natürlicher Verfall. Übrigens stammt der Begriff Schädlingsarbeit nicht von mir. »Wir haben fünf Jahre dort oben gelebt«, sagt Genosse Minejew, »und uns sind die Leute – entschuldigen Sie den derben Ausdruck! – nicht verreckt. Sementschuk verbrachte ein paar Monate dort, und die Eskimos begannen, haufenweise zu sterben. Anders als mit Schädlingsarbeit läßt sich das nicht erklären.« Hören wir dazu noch einmal den Eskimojäger Tajan. »Väterchen ist krank geworden«, schreibt er in einem Brief vom 21. August 1935, der seinen Adressaten erst im Frühjahr erreichte und am 22. Mai 1936 dem Gericht vorlag. »Wenn Doktor nicht gewesen, dann ich gestorben.« Das schreibt Tajan von demselben Arzt, Dr. Wulfson, den Sementschuk von seinem Komplizen Starzew ermorden ließ. »Aber mein Sohn Wolodja tot, ich bedauern ihn, er schon russisch sprechen anfing und sagen Doktor Guten Tag. Inkali zu Fuß gegangen für Holz an Strand, sie Schlitten auf Buckel schleppen, weil sie sagen Sementschuk geben nix Holz. Wenig Fuchs fangen weil viele Jäger krank auch Jäger tot: Tageju, Etui, Nowok, Tagrak, Sinomi, Kiwutkak, Frau von Anakak – alle Jäger nach Tod von Doktor gestorben und selbst ist erfroren, ich nicht wissen warum. Sie wegfahren mit Stepka, in Schneesturm Doktor Weg verloren, und er kaputt, sagen Stepka, und russischer Biolok sich selber totschießen, wir nicht wissen warum. Ich vier Wochen krank gelegen ohne Besinnung, Doktor glauben, im Norden erkältet. Bei mir Hunde krepiert und nix zu essen, weil Sementschuk den Jägern geben nur 1 Dose Fleisch jedem Mann, Reis 0,25 Kilo jedem Mann, Mehl und Graupen nur auf Kredit für Felle, und Polarfuchs- und Walroßjagd schlecht, weil Sementschuk uns führen – wir nicht dürfen winken Harpunierer im Bug – ohne Weg zu kennen, Chef sagen Richtung.«

Auf diese Weise wirtschaftete Sementschuk: Pro Jäger

eine Dose Fleisch im Monat – und das bei Temperaturen von minus 40 Grad! Frauen, Kinder und Alte gingen leer aus. Und wie sollen die Eskimos jagen, wenn ein Chef, der nichts von der Jagd versteht, daherkommt und ihnen verbietet, »dem Harpunierer im Bug zu winken«! Nur die Walrosse preisen Sementschuks Ruhm: Da stolziert vom Festland das fetteste aller Walrosse heran, der Mann im Bug winkt nicht, der Harpunierer schießt nicht, die Jagd fliegt auf, und die Walrosse watscheln unbehelligt auf dem Strand herum. Aber Sementschuk ist zufrieden. Für ihn ist alles in bester Ordnung. Die Eskimos hungern – das stört ihn nicht. Die Eskimos sterben – auch das stört ihn nicht. Die Kameraden vom Überwinterungskommando sagen: »Wir müssen helfen!« Sementschuk sagt: »Das sind faule Luder. Sollen sehn, wie sie zurechtkommen.« – »Aber die Eskimos haben kein Fleisch mehr.« – »Die brauchen kein frisches Fleisch. Sollen sie Aas fressen!« Das ist nach Sementschuks Meinung die Lenin-Stalinsche Nationalitätenpolitik!

Ich verstehe die Entrüstung des Zeugen Minejew, der das Vorgehen von Sementschuk als Schädlingsarbeit und organisierte Konterrevolution bezeichnet hat mit dem Ziel, die Wrangel-Insel vom Festland abzuschneiden. »Meiner Meinung nach hat Sementschuk seinen Plan, die Sowjetmacht in Verruf zu bringen, nicht nur erfüllt, sondern übererfüllt,« erklärte Genosse Minejew dem Gericht: »Wäre Sementschuk noch länger auf der Wrangel-Insel geblieben, hätte er die gesamte Eskimo-Bevölkerung zugrunde gerichtet.«

Das, Genossen Richter, ist die Hauptanschuldigung, die niemand zu erschüttern oder in Frage zu stellen vermag. Der schlagendste Beweis dafür ist der Befehl der Hauptverwaltung des nördlichen Seewegs vom 2. November 1935 – keine Zeugenaussage, kein Sachverständigengutachten und keine Reisebeschreibung, sondern ein amtliches Dokument, an dem es nichts zu deuteln gibt. Ich zitiere:

»*Erstens:* Daß während der Überwinterung 1934/35 auf

der Polarstation Wrangel-Insel a) die wissenschaftlichen und gewerblichen Arbeiten sabotiert wurden; b) die örtliche, 63 Mann starke Eingeborenenbevölkerung sich selbst überlassen blieb; es wurden keinerlei Arbeiten mit ihr durchgeführt, und es fehlte selbst an der elementarsten Fürsorge, besonders auf dem Ernährungssektor, was zu Massenerkrankungen und Todesfällen infolge Unterernährung führte (bei auf der Station vorhandenen Vorräten für drei Jahre!;) c) auf der Station Unordnung, Verderb wertvollster Produkte, Alkoholismus, Unmoral und übler Stunk unter den Polararbeitern an der Tagesordnung waren.

Zweitens: All dies war das Ergebnis verbrecherischer Fahrlässigkeit, administrativer Willkür und hartherzigen Verhaltens gegenüber den Eskimos von Seiten des Stationschefs Sementschuk, der die Wrangel-Insel durch seinen selbstherrlichen Arbeitsstil und seinen schmarotzerhaften Lebenswandel wirtschaftlich und politisch in den Ruin getrieben hat.«

Ich erhebe gegen Sementschuk im Namen des Sowjetstaats und der Sowjetmacht die äußerst schwerwiegende Anklage, den Aufbau der Eskimo-Wirtschaft sabotiert zu haben mit dem Ziel, die Wrangel-Insel und den gesamten Tschuktschen-Archipel vom Festland abzutrennen, um sie den Imperialisten auszuliefern, die das Sowjetvolk unter großen Opfern in heroischem Kampf von dort vertrieben hatte! – Was hat der Angeklagte gegen diese durch Fakten untermauerte Anklage vorzubringen? Was sagt Sementschuk, diese Laus im Pelz des Hohen Nordens, diese Spottgeburt von Hund und Schwein oder, um im Bild zu bleiben, von Polarfuchs und nördlichem Vielfraß? Sementschuk tut das, was er immer tut: Er legt die Hände in den Schoß und schweigt, als ginge ihn die Angelegenheit, die heute hier verhandelt wird, nicht das Geringste an. Und wenn er sich nach wiederholter, eindringlicher Befragung durch den Gerichtsvorsitzenden gnädig dazu herabläßt, endlich etwas zu sagen, klingt das so: Der Tod der Eskimos wurde nicht durch unzureichende Ernährung verursacht, sondern durch eine Cholera-Epidemie, die im Winter 1934/35 die Tschuktschen-Halbinsel und fast die gesamte Eismeerküste entvölkert hat. Im übrigen sei er gehalten gewesen, sparsam zu wirtschaften und die hinterlassenen Vorräte nicht zu vergeuden. Und er faselt etwas von Vorgaben des Fünfjahrplans, der im fernen Moskau konzipiert und auf die Bedürfnisse der Wrangel-Insel nicht zugeschnitten gewesen sei. Lassen wir diesen Punkt zunächst beiseite, mit dem Sementschuk der staatlichen Planungskommission Gosplan und deren Vorsitzendem, dem Genossen Stalin, schludrige Arbeit unterstellt, und konzentrieren wir uns auf den ersten Punkt seiner windigen Verteidigungsstrategie. Ich frage Sie: Was ist das für eine seltsame Cholera-Epidemie, die fast die gesamte Eskimo-Bevölkerung dahinrafft, ohne daß die Verwaltung des nördlichen Seewegs das Geringste davon erfährt? Vielleicht war es keine Cholera, hat der Angeklagte auf Befragen erklärt, vielleicht war es Skorbut? Er sei kein ausgebildeter Mediziner und habe den Krankheitserreger nicht zweifelsfrei identifiziert. Kein Wunder, denn der Arzt Dr. Wulfson, der ihn über die Ursache des Massensterbens hätte aufklären können, wurde von dem Sementschuk ergebenen Schlittenhundelenker Starzew auf Befehl seines Chefs liquidiert. Auf diese Weise hat er die Spur seiner Verbrechen zu verwischen versucht, was ihm trotz seiner schweinehündischen Durchtriebenheit jedoch nicht gelang, weil er sich in seinen selbstgelegten Fallstricken verheddert hat. Die Eskimos sind also nicht an Cholera, sondern an Skorbut zugrunde gegangen? Und was, so frage ich Sie und mich, ist Skorbut denn anderes als eine durch falsche Ernährung verursachte Mangelkrankheit? Sementschuk zuckt die Achseln: Er ist kein Epidemiologe und weiß von nichts. Diese männliche Lady Macbeth wäscht ihre Hände in Unschuld und weiß von nichts!

»Auf meine an Sementschuk gerichtete Frage«, erklärt Genosse Minejew: ›Warum hast du die Eskimos nicht versorgt?‹, habe dieser geantwortet, es existiere irgendeine Instruktion, irgendein Gesetz – das jedoch niemand gesehen hat, auch er selbst nicht, weil es ein solches Gesetz nicht gibt – das besage, daß man mit staatlichem Gut sparsam umgehen müsse. Aber sind Menschen etwa kein staatliches Gut? Nach Sementschuks Auffassung haben Menschen, die Güter schaffen, keinen Wert; mit ihnen braucht man nicht sparsam umzugehen. Deshalb ist es soweit gekommen, daß sich die Eskimofamilie Analko im Norden der Insel, auf der Landzunge Lutsch, von einem krepierten Hund und der von einem Kajak abmontierten Haut eines Walrosses ernähren mußte! Obwohl Sementschuk diese Tatsache abzustreiten versucht, wurde sie durch die Aussagen seines Komplizen Starzew bestätigt. (Schauen Sie, auch jetzt nickt Starzew bejahend!) Diese Anklage wird durch eine ganze Anzahl von Zeugen bestätigt. Deshalb sagt der Funker Bogdanow mit Recht: »Sementschuk verfolgte hinsichtlich der Eingeborenen eine antisowjetische Politik. Er behandelte sie grausam, sabotierte die Jagd auf Meerestiere, gab keine Produkte aus und ließ die Eingeborenen hungern. Es kam so weit, daß die Eskimos sich von den Außenhüllen ihrer Kajaks ernährten.« Anstatt die wenigen Tage auszunutzen, an denen Meeressäugetiere – Robben, Walrosse und Seehunde – gejagt werden können, rief Sementschuk alle Eskimojäger zusammen und stellte sie zum Kistenschleppen an, wobei es ihn vollkommen kalt ließ, daß die kurze Jagdsaison ungenutzt verstrich. Die Jäger rieten ihm, es anders zu machen, doch er hörte nicht auf sie; infolgedessen blieb die gesamte, 63 Köpfe starke Eskimo-Bevölkerung ohne Nahrung, während der Speicher voller Lebensmittel war. Hätte sich Sementschuk nicht so roh und unmenschlich verhalten, hätte er den Eskimos Hilfe leisten müssen, denn in seinem Vorratsspeicher war Verpflegung für drei Jahre aufgestapelt, Minejew sagt sogar: Mehl für zehn Jahre, was mehrere Zeugen bestätigen. Aber Sementschuk tat das nicht. Weshalb?

Darauf gibt es nur eine Antwort: Weil er ein moralisch und politisch heruntergekommener Mensch ist, dem das Wohlergehen der Eskimos ebenso gleichgültig war, wie er den Zielen und Methoden des Sozialismus fremd und feindselig gegenübersteht.

Der Angeklagte hat vor Gericht geltend zu machen versucht, daß man ihm mangelnde Kompetenz vorwerfen könne, daß dies jedoch nicht gleichbedeutend mit Schädlingsarbeit oder gar Sabotage sei, denn hinter seinem Versagen stecke kein politisches Programm. Wenn Sementschuk die Lenin-Stalinsche Nationalitätenpolitik nicht richtig vermittelt habe, so habe er dies nicht mit Bewußtsein und Absicht getan und könne dafür nicht strafrechtlich zur Verantwortung gezogen werden, noch dazu nach Artikel 59-3, der mit der strengsten Strafe droht, die es in der sowjetischen Rechtsprechung gibt. Ich bezweifle und bestreite das, und es wird mir nicht schwerfallen, Sementschuks perfide Verteidigungsstrategie Punkt für Punkt zu widerlegen. Dem Angeklagten waren Methoden und Ziele des sozialistischen Aufbaus so fremd, wie sie es nur einem Feind sein können. Sementschuk dachte: »Soll meinetwegen alles in Trümmer gehen, sollen meinetwegen alle Eskimos aussterben, denn die sind von Natur aus bestimmt, verfaultes Fleisch zu fressen.« Das war seine ideologische Einstellung, und Sementschuk handelte danach, indem er Kurs auf ein gefühlsrohes Verhalten gegenüber den Eskimos nahm. Man redete auf ihn ein, man gab ihm nützliche Ratschläge, und als er keinen dieser Ratschläge befolgte, bekämpfte man Sementschuks verfehlte Politik hinter seinem Rücken, aber nicht offen und ehrlich, wie dies Dr. Wulfson tat, dieser parteilose Bolschewik, der seine Opposition mit dem Leben bezahlt und sich als echter Kommunist erwiesen hat, was man von anderen Überwinterern, die Partei- oder

Komsomol-Ausweise in den Taschen trugen, leider nicht sagen kann.

Nun zu Kuzewalow, dem jungen Hydrologen, der auf mich – ich weiß nicht, ob auch auf Sie, Genossen Richter! – den Eindruck des Frischesten unter den Überwinterern macht, diesen – verzeihen Sie mir den Ausdruck! – verfaulten Menschen eines saft- und kraftlosen Kollektivs, das so gar nichts von einem sowjetischen Kollektiv an sich hatte. Nur den ermordeten Doktor Wulfson schließe ich von dieser Charakteristik aus. *Das war kein Kollektiv, sondern eine rein mechanische Zusammenfügung von Figuren, die sich Menschen nannten.* Kuzewalow, scheint mir, war noch der beste von ihnen. Er sagt, Sementschuk habe die Erfassung der Meeressäugetiere sabotiert und keine Jagderlaubnis erteilt, was durch Tajans Brief voll und ganz bestätigt wird. Als Kuzewalow ihn gefragt habe, wovon sich die Eskimos ernähren sollten, habe Sementschuk ihm geantwortet: »Das geht Sie nichts an, darüber habe ich meine eigenen Gedanken.« Kuzewalow fügt richtig hinzu: »Was für Gedanken das waren, wissen wir nicht, aber die Eskimos blieben ohne Fleisch.« Kein Wunder, denn von Sementschuks unausgegorenen Gedanken wird niemand satt.

Und als Kuzewalow ihn bat, den hungernden Eskimos Lebensmittel zu schicken, habe Sementschuk dies abgelehnt mit der Begründung: »Das sind Faulpelze, denen gebe ich keine Produkte!« Kurz darauf sind Etui und Tagrak an Unterernährung gestorben – keine alten Weiber, die an Krankheiten krepierten, sondern Eskimojäger, die im besten Mannesalter verhungerten! – Nun werden Sie sich fragen: Ja, wo sterben denn die Menschen nicht? Überall auf der Welt gibt es Kranke und Sterbende. Aber bitte bedenken Sie, Genossen Richter, daß Unterernährung die Todesursache war: Die Todesfälle auf der Wrangel-Insel waren eine direkte Folge der durch Sementschuk verursachten Hungersnot! Diese war nicht Ergebnis einer Naturkatastrophe, sondern Resultat planmäßig organisierter Banditentätigkeit mit dem Ziel, die auf der Wrangel-Insel eingeführte neue Ordnung zu untergraben, denn die Wrangel-Insel ist Sowjetland!

Aber Sementschuk war nicht nur ein Bandit, er war ein bewaffneter Bandit – bewaffnet nicht bloß mit einem Revolver, sondern mit dem Gewicht seiner dienstlichen Stellung, seiner politischen Autorität, die er mit krimineller Energie mißbrauchte. Das ist ein tödliches Waffenarsenal, und er hat es zur Vernichtung seines Kontrahenten Dr. Wulfson gezielt und rücksichtslos eingesetzt. Alle Zeugen stimmen darin überein, daß Sementschuk sich wie ein Despot aufgeführt und ständig mit Redensarten um sich geworfen habe, er sei Gericht, Staatsanwalt und GPU in einer Person und werde jeden bestrafen, der es wagen würde, ihm zu widersprechen – bis hin zum Erschießen! Erinnern Sie sich, wie er sich nach dem Tod Dr. Wulfsons der Feldman gegenüber benahm? Versucht er doch, diese hilflose, von Kummer gebeugte Frau nach Kap Blasson, hundert Kilometer von der Polarstation entfernt, an einen völlig unbesiedelten Ort zu verbannen. Er ruft Kletschkin zu sich und gibt ihm den Befehl: »Bring das Judenweib weg!« Kletschkin rafft seine ganze Kühnheit zu der Erwiderung auf: »Lieber setzen Sie mich zwanzig Tage fest, aber die Feldman in den Tod führen werde ich nicht.« Sementschuk wollte die Feldman zu Hunger und Kälte verdammen, um sich an der Lebensgefährtin des ermordeten Doktor Wulfson zu rächen, der seine Verbrechen schonungslos aufgedeckt hatte. Was sagt Sementschuk zur Rechtfertigung seiner verbrecherischen Handlungsweise? Zuerst streitet er alles ab, und als er sich in die Enge getrieben fühlt, sagt er gar nichts und schweigt. Aber dem Gericht liegt ein Brief vor, ein verräterischer Brief, in dem er seinem Untergebenen Dolgi befiehlt: »Paß scharf auf! Die Feldman schickt Material ins Mutterland. Nichts durchlassen, halte alles an! Sie wird versuchen, auf Kap Schmidt Arbeit zu finden. Denk daran, daß ich scharf dagegen protestiere, wenn man ihr auf Kap Schmidt Arbeit gibt!«

Wir haben Sementschuk schon mehrfach dabei ertappt, wie er durch kaleidoskopartig wechselnde Lügen versucht, sich aus der Verantwortung zu stehlen. Nehmen Sie die Geschichte mit dem Typhus! Am 22. Februar 1935 schickt Sementschuk ein Funktelegramm an die Hauptverwaltung des nördlichen Seewegs: »Eskimos Mann für Mann an Symptomen von Unterleibstyphus erkrankt.« Abgesehen davon, daß man nicht an Symptomen erkrankt – was veranlaßte Sementschuk zu diesem Telegramm? Er fürchtete die Aufdeckung seiner Schädlingsarbeit, die zu einer Serie von Todesfällen geführt hatte. Die Hauptverwaltung des nördlichen Seewegs telegraphierte umgehend zurück: »Wie konnten Sie den Ausbruch einer Typhusepidemie zulassen, die bei Minejew nie vorgekommen ist? Trefft Maßregeln zur Liquidierung der Erkrankungen!« In diesem Funktelegramm ist von der Liquidierung der Krankheit, und nicht etwa von der Liquidierung erkrankter Eskimos die Rede. Sementschuk aber telegraphiert nach ein paar Tagen zurück: »Erkrankungen aufgehört. Skorbut liquidiert. Keine Kranken mehr vorhanden, fünf Eskimojäger gestorben.« Ein Muster von Gerissenheit – das ist Sementschuk, dieser bis ins Mark verdorbene Spitzbube und Hochstapler! Oder erinnern Sie sich an Sementschuks Erklärung betreffs der als Gefängnis mißbrauchten Sauna, in die er die Feldman sperren ließ: *Erstens* versicherte der Angeklagte dem Gericht, daß auf der Polarstation keine Sauna vorhanden gewesen sei; *zweitens* daß, falls doch eine Sauna vorhanden war, diese kein Gefängnis gewesen sei; *drittens* daß, da auf der Polarstation kein Gefängnis vorhanden war, die Sauna als Gefängnis gedient hätte, er jedoch keinen Befehl gegeben habe, jemanden ins Gefängnis einzusperren, und, falls doch Leute dort einsaßen, diese sich freiwillig in die Sauna verfügt hätten. Das ist der Stil der Sementschukschen ›Erklärungen‹, und das meinte W. I. Lenin, als er schrieb, daß jede echte Massenbewegung Gauner, Schreihälse und Prahlhänse hochschwemmt, die wie schmutziger Schaum auf der Woge der Volkserhebung reiten. Auch unser Angeklagter ist solch ein blinder Passagier der proletarischen Revolution!

»Sementschuk steht seiner geistigen Entwicklung nach auf niedriger Stufe«, hat Genosse Minejew erklärt, »aber man kann nicht sagen, daß er ein stumpfsinniger oder beschränkter Mensch ist, im Gegenteil: Sementschuk konnte sehr vernünftig vorgehen, wenn die Schlauheit ihm materielle Vorteile einbrachte.« Das ist eine ausgezeichnete Charakteristik, denn Genosse Minejew hat das Verhalten des Angeklagten unter arktischen Bedingungen, sozusagen *au naturel*, studiert!

Sementschuk haßte körperliche Arbeit. Die Eskimos empfanden nur Verachtung für ihn, weil er bei der Arbeit nie mit Hand anlegte, wie dies Genosse Minejew tat. ›Nicht arbeiten Könnender‹ ist in der Sprache der Eskimos das übelste Schimpfwort für einen Mann, der nicht durch Jagd den Lebensunterhalt für seine Familie verdient. Wegen seiner Faulheit und seines Schmarotzertums büßte Sementschuk in den Augen der Eskimos jegliche Autorität ein. Er rächte sich für die ihm entgegengebrachte Mißachtung wie ein zaristischer Gutsverwalter, der seine leibeigenen Bauern maltraitiert. So vertuschte er die Übergriffe seines Untergebenenen Starzew, der beschuldigt wird, im Alkoholrausch zwei minderjährige Töchter der Eskimofamilie Palja vergewaltigt zu haben, indem er deren Geschlechtsorgane vor den Augen ihrer Mutter Lowak mit Schnee einrieb. Auf die Frage, ob Starzew die sogenannte Zarensteuer kassiert hat, gibt Sementschuk wieder keine klare Antwort. Er zwinkert pfiffig mit seinen Schweinsäuglein und sagt: »Wann soll das gewesen sein?« – Weshalb klärte Sementschuk nicht auf, was für eine Bewandtnis es mit dem Einkassieren der ›Zarensteuer‹ hatte? Warum ging er nicht gegen Alkoholismus, Unmoral und Disziplinlosigkeit vor, wie dies Genosse Minejew tat? Weil er Starzew brauchte, und weil Starzew seinem Chef hündisch ergeben war.

Der Zustand des Überwinterungskollektivs 1934/35 war alles andere als zufriedenstellend. Allein schon die Tatsache, Genossen Richter, daß Organisator der Überwinterung der später als Parteifeind entlarvte Karbowski war, spricht gegen dieses wahllos zusammengeklaubte Überwinterungskollektiv. Hier zeigen sich ernste Mängel in der Parteiarbeit. Sie haben Karbowski selbst gesehen und gehört! Das ist der Kaderleiter, unter dessen Augen sich Sementschuks verbrecherische Tätigkeit entfaltete; der Kaderleiter, der den um Hilfe flehenden Eskimos die missionarhaft-zynische Antwort gab: »Dulden muß der Mensch, dulden!« Dieser Karbowski bewegt sich vor Gericht in hohen Sphären und drückt sich im Ton eines offiziellen Parteiredners aus: Von Schulungsproblemen ist die Rede, vom Dienst am lebenden Menschen, von der Lösung komplizierter Aufgaben usw. usf.

Als wir ihn von den lichten Höhen seiner Ideologie auf den Boden der Tatsachen herunterholten und die Frage stellten, warum er keine Maßnahmen zur Bekämpfung der Mißstände ergriffen habe, wurde Karbowski kleinlaut, senkte den Kopf und murmelte: »Ich hab's gesehen, aber nichts dagegen getan!« Karbowski bemühte sich zu beweisen, daß zwar die Ergebnisse seiner Arbeit unbefriedigend, seine politische Linie aber richtig gewesen sei. Doch dieses innerlich verkommene Subjekt, das nur äußerlich einem Menschen gleicht, hat weder zufriedenstellend gearbeitet, noch die Parteilinie vertreten, und Karbowski ist der würdigste Anwärter auf den nach Sementschuk frei werdenden Platz auf der Anklagebank.

Der einzige Mensch, der vor dem dunklen Hintergrund dieser auch in moralischer Hinsicht undurchdringlichen Polarnacht einen Lichtstreifen darstellte, den Kampf gegen die Mißstände aufnahm und unter Preisgabe seines Lebens bis zum bitteren Ende führte, war Doktor Nikolai Lwowitsch Wulfson mit seiner ihm treu zur Seite stehenden Lebensgefährtin Gita Borisowna Feldman. Ohne sie hätten wir den in der Polarstation schwärenden Eiterherd nie aufgedeckt!

Bevor er auf die Wrangel-Insel kam, war Dr. Wulfson Arzt der Moskauer Fabrik *Manometer* und genoß trotz seines jugendlichen Alters die allgemeine Achtung dieses proletarischen Kollektivs, das Dr. Wulfson als feinfühligen Kameraden und fachkundigen Arzt schätzte, der sich regelmäßig in den Werkstätten wie auch im Klub, im Speisesaal und im Erfrischungsraum sehen ließ. Sein Andenken wird nicht nur von den Arbeitern der Fabrik *Manometer* hochgehalten, es ist in die Herzen aller ehrlichen Sowjetbürger eingeschreint!

Auch in der Arktis erfüllte Nikolai Lwowitsch vorbildlich seine Pflicht und arbeitete, zusammen mit seiner Lebensgefährtin Gita Borisowna, ohne sich eine Atempause zu gönnen, für Leben und Gesundheit der Eskimos. Es ist schimpflich, vor Gericht mitanhören zu müssen, wie der im Wellenmeer seiner Verbrechen zappelnde Angeklagte die Feldman verleumdet, indem er behauptet, sie habe kurz nach Wulfsons Tod begonnen, mit ihm über Bedingungen zu feilschen, zu denen sie bereit wäre, seine Geliebte zu werden! Die Beweisaufnahme hat diese Verleumdung restlos widerlegt.

Dr. Wulfson war kein bürgerlicher Quacksalber, der seinen Patienten den Puls fühlt, ein Rezept verordnet und anschließend eine gepfefferte Rechnung schickt – er war ein sowjetischer Arzt, der für die Genesung seiner Patienten und die Verbesserung ihrer sozialen Lage kämpft. Deshalb verschrieb er nicht nur Baldriantropfen und Rhizinusöl, sondern die Verdoppelung der Kohlezuteilung und der Milchration, die den erkrankten Eskimofamilien verabfolgt werden sollten. Dafür wurde er vom Chef der Polarstation als Bummelant beschimpft, der demnächst zur Rechenschaft gezogen werde, weil er sich in Dinge einmische, die ihn nichts angingen, wobei Sementschuk, um seiner Drohung Nachdruck zu verleihen, zum Revolver griff.

Dr. Wulfson starb am 27. Dezember 1934 neun bis zehn Kilometer von der Bucht Somnitelnaja entfernt im Schneesturm, obwohl der Wetterbericht die Annahme nahelegt, daß es zur fraglichen Zeit gar keinen Schneesturm gab. Genosse Minejew hat vor Gericht erklärt, daß ein Schneegestöber, welches Schneewehen bis auf Brusthöhe verursacht, nicht als Schneesturm zu qualifizieren sei, in dem man sich verirren kann. Aber lassen wir es dabei, daß es einen Schneesturm gab; ich räume der Verteidigung diese Position kampflos ein. Soll meinetwegen Schneesturm gewesen sein!

Am 27. Dezember um fünf Uhr brach Starzew mit Doktor Wulfson von der Bucht Somnitelnaja nach Westen in Richtung Predatelskaja auf. Um neun Uhr setzte ein Schneegestöber ein, und sie kehrten um, weil die Sicht am Boden nur noch einen Kilometer betrug, während die Berge über eine Entfernung von zehn Kilometern gut zu sehen waren. Merkwürdiges Schneegestöber! Gegen zehn Uhr verlor Starzew den Arzt aus den Augen. Er begab sich zur Bucht Somnitelnaja, schickte den Eskimojäger Kmo auf die Suche und nahm selbst die Suche wieder auf, die er bis zum 28. Dezember um zwei Uhr nachts fortsetzte, das heißt Starzew suchte den Doktor 35 Stunden lang ohne Pause bei vierzig Grad unter null, bevor er über die zugefrorene Bucht nach Somnitelnaja zurückgekehrte. Soweit seine erste Aussage, die Starzew später dahingehend revidiert, sein Schlitten sei umgekippt, wobei das Vorderteil einer Kufe gebrochen sei. In Wahrheit war der Rahmen herausgesprungen; Kufe und Rahmen eines Schlittens sind zweierlei, aber das kümmert Starzew nicht: »In diesem Augenblick überholte mich Dr. Wulfson und geriet außer Sicht.« Und weshalb wird er von dem Doktor überholt? Ganz einfach: Wulfsons

Hunde bemerkten einen vorbeilaufenden Polarfuchs und setzten ihm nach. Eine waidmännische Begründung, die nur einen Schönheitsfehler hat: Hunde, die einen zum Stillstand gekommenen Schlitten vor sich sehen, überholen diesen nicht, sondern machen sofort Halt. »Sie stecken die Schnauzen in den Schnee und legen sich hin«, hat Genosse Minejew ausgesagt. Und auf meine Frage: »Konnte Dr. Wulfson als in der Arktis unerfahrener Mensch mit den von Starzew trainierten Hunden dessen Schlitten überholen?« hat der ausgewiesene Polarforscher wörtlich erklärt: »Ja, kurz nach der Ausfahrt, solange die Hunde noch in der ersten Hitze sind und die Gespanne Kopf an Kopf rennen. Aber im Schneesturm, mit den Leithunden eines fremden Herrn, ist das Überholen unmöglich.« Konfrontiert mit der kategorischen Aussage des Genossen Minejew, hat Starzew seine Version der Ereignisse ein weiteres Mal revidiert und angegeben, nachdem der Eskimojäger Kmo die Spur des Doktors im Schneesturm verloren hätte, seien sie nach Somnitelnaja zurückgekehrt und hätten erst am nächsten Tag die Suche wiederaufgenommen.

Wie auch immer Starzews Lügen und Ausflüchte zu bewerten sind – fest steht, daß Dr. Wulfson nicht erfroren, sondern durch Gewalteinwirkung zu Tode gekommen ist. Der Angeklagte Sementschuk beging eine Urkundenfälschung, als er nachträglich den Satz ins Protokoll einfügen ließ, bei Wulfsons Leiche sei ein leerer Kanister mit Spiritus gefunden worden, den der Doktor widerrechtlich an sich genommen habe, um sich sinnlos zu betrinken – sei es aus Liebeskummer, weil die Feldman ihm untreu geworden war, sei es, weil er der ihm übertragenen Aufgabe nicht gewachsen gewesen sei. Abgesehen davon, daß Dr. Wulfson niemals Alkohol trank, war allen Beteiligten bekannt, daß der in Frage stehende Kanister Brennspiritus enthielt, der selbst für einen notorischen Alkoholiker wie Starzew nicht trinkbar ist. In Dr. Wulfsons Körper wurden bei der Obduktion keine Alkoholrückstände festgestellt, obwohl sein Magen im Permafrostboden völlig erhalten geblieben ist, wohl aber zahlreiche Wunden, die auf einen Kampf hindeuten. Die Leiche des Doktors war so verunstaltet, daß Sementschuk sie der Feldman nicht zeigen wollte: Das Gesicht war zerschlagen, der Kopf zertrümmert, die Hirnschale wie mit der Axt zerspalten, die Nase plattgequetscht. Diese Verletzungen, von denen jede für sich genommen den Tod herbeigeführt hätte, wurden Dr. Wulfson nicht erst nach seiner heimtückischer Ermordung, sondern zu Lebzeiten beigebracht, wie der Obduktionsbefund von Dr. Krascheninnikow beweist, der die vorzüglich erhaltene, absolut frischgebliebene Leiche des Doktors auf der Wrangel-Insel exhumiert hat. Aus diesem geradezu klassischen Obduktionsbericht geht zweifelsfrei hervor, daß die auf Wulfsons Körper sichtbaren blauen und gelben Flecken keine Leichenflecken waren und auch keine Wischnewskischen Flecken, die auf Tod durch Erfrieren hindeuten, sondern blutige Schrammen, die dem Doktor im Handgemenge zugefügt worden waren, während er sich gegen einen Angreifer wehrte. Der tödliche Schlag wurde dem gerichtsmedizinischen Gutachten zufolge mit einem verhältnismäßig kleinen Gegenstand mit harter Oberfläche ausgeführt. Diese Merkmale treffen auf den Kolben der Winchester-Büchse zu, die als Beweismittel vor Ihnen auf dem Tisch liegt. Weiterhin wurde festgestellt, daß es ein heftiger und deshalb tödlicher Schlag gewesen ist, wie man ihn beim Sturz von einem Schlitten nicht davonträgt, es sei denn, man fällt in eine Gletscherspalte oder prallt auf eine Felskante auf. Beides scheidet aus, da das nächste Gebirge, wie wir gehört haben, zehn bis zwölf Kilometer vom Tatort entfernt lag. Und obwohl Dr. Wulfson zum ersten Mal selbständig ein Hundegespann lenkte, hätte er niemals gegen die Überlebensregel verstoßen, sich nicht von seinem Schlitten zu entfernen, da das Hundegespann für im Schneesturm verirrte Reisende die einzige Hoffnung ist, den Weg zurück zu finden, wie Dr. Krascheninnikow, der selbst Polarforscher ist, überzeugend dargelegt hat.

Klaffende Wunden am Kopf und im Gesicht, Schrammen an den Händen, zerrissene Kleidung, Blutspuren an Mütze und Handschuhen: Diese Indizien, Genossen Richter, lassen keinen Zweifel daran, daß Nikolai Lwowitsch Wulfson am 27. Dezember 1934 hinterrücks ermordet worden ist!

Aber wer war der Angreifer, der den hervorragenden Polararbeiter mit dem Kolben einer Winchester niederschlug? Der Angeklagte Sementschuk zuckt die Achseln, und Starzew, sein gedungener Helfershelfer, weiß von nichts. Doch nachdem er den Mord an Wulfson lange geleugnet und die Tatsache seines gewaltsamen Todes überhaupt in Abrede gestellt hatte, besann Starzew sich plötzlich eines Besseren und sagte: »Wahrscheinlich ein Schamane.« Ein Schamane soll Wulfson getötet haben! Warum ausgerechnet ein Schamane? Woher kommt dieser vom Schneesturm herbeigewehte Schamane, und was war sein Motiv für die Ermordung Dr. Wulfsons? Vielleicht Eifersucht oder Neid auf die Heilkunst des weißen Mannes, der dem Eskimo-Zauberer die Patienten abspenstig machte? Oder Rache für die an Nahrungsmangel zugrundegegangenen Eskimos? In diesem Fall hätte der Schamane den Angeklagten Sementschuk und seinen Komplizen Starzew ermorden müssen. Ich will Ihnen sagen, Genossen Richter, wer dieser mongolische Zauberer, dieser tibetanische Schneemensch und Eskimo-Eismann in Wirklichkeit ist: Eine Ausgeburt von Starzews krankhafter Phantasie. Sementschuk heißt der geheimnisvolle Schamane, an dessen Schnur Starzew als Marionette tanzte, und Starzew war der angebliche Polarfuchs, bei dessen Anblick die Schlittenhunde nicht mehr zu halten waren, denn er verband die Schläue des Fuchses mit dem Heißhunger eines nordischen Vielfraßes, der den Wanst nicht voll genug kriegen kann! Aber auch damit ist noch nicht alles geklärt.

Sementschuk und Starzew, dieses dreiste Gespann, zappelten an der langen Leine ausländischer Spionagedienste, und Dr. Wulfson mußte sterben, weil er sich dem Versuch dieser tollwütigen Hunde, das Wolfsgesetz des Kapitalismus auf der Wrangel-Insel einzuführen, entschieden widersetzt hat. Wer waren die geheimen Auftraggeber, und welches waren die Ziele ihres Komplotts? Die Antwort auf diese Frage finden Sie in den Akten, genauer gesagt, in der Spekulationsepisode mit dem Silber, das die Tscheka bei Sementschuks Rückkehr aus Persien in dessen Gepäck sicherstellte. Sementschuk hatte seine Vorstrafen verschwiegen, als er sich um den Posten des Chefs der Polarstation bewarb, und er hüllt sich noch immer in Schweigen. Aber seine Frau Nadeschda hat in der Hoffnung auf Strafnachlaß folgendes ausgesagt: »Festgenommen wurde Sementschuk für einen Transport von Silber aus Teheran, wo er in der sowjetischen Vertretung angestellt war. Wie lange er gesessen hat, weiß ich nicht, weil er mir die Antwort auf diese Frage schuldig geblieben ist.«

Konfrontiert mit dem ›Verrat‹ seiner Frau, hat der Angeklagte im typisch Sementschukschen Stil ein halbes Geständnis abgelegt, das im Wortlaut so klingt: »Tatsächlich brachte ich aus Persien Silber mit, aber dieses Silber hatte ich zufällig in Teheran gefunden. Das Geld lag im Garten der britischen Handelsvertretung auf dem Boden.«

Da liegt also zufällig Geld – ein Sack Silber – im Garten der britischen Vertretung herum, und Sementschuk nimmt das Geld einfach an sich, ohne die politische Abteilung zu informieren, deren Leiter er ist. Wieviel Unverfrorenheit gehört dazu, solche Erklärungen abzugeben! Wir mußten Druckmittel anwenden, und unsere zuständigen Organe haben den Angeklagten unsanft geknufft, bis er sich zu der Aussage bequemte: Die Silberlinge, die Sementschuk im

Garten der Botschaft des Königreichs Großbritannien in Teheran überreicht wurden, waren der Judaslohn für seinen Verrat! Damals – so ist anzunehmen, und das Ergebnis unserer Ermittlung läßt keinen Zweifel daran – wurde Sementschuk von britischen Agenten beauftragt, den Posten des Leiters einer Polarstation zu usurpieren mit dem Ziel, die Wrangel-Insel an kanadische Pelzhändler zu verschachern, die Zinsknechte der britischen Imperialisten sind. Sementschuk fand einen willigen Befehlsempfänger in dem Hundeschlittenlenker Starzew, einem üblen Subjekt, das ebenso wie der Hauptangeklagte eine lange Liste von Vorstrafen hat, die unsere Vernehmer mühsam aus ihm herauspressen mußten, weil seine Akte von Mitwissern beiseite geschafft worden war. Nach anfänglichem Leugnen gab Starzew schließlich zu, ein Agent des japanischen Imperialismus zu sein, der ihn in Wladiwostok angeworben hat, um den Aufbau des Sozialismus im nördlichen Eismeer durch Sabotage zu verhindern; Fernziel seiner Banditentätigkeit war die Aufteilung der Tschuktschen-Halbinsel, deren Südhälfte an Japan abgetreten, während der Norden Kanada zugeschanzt werden sollte. Doch die Wachsamkeit unserer Organe hat die Machenschaften der Verräter durchkreuzt.

Schlimmer als die materiellen Einbußen, die die Eskimowirtschaft erlitt, ist der moralische Schaden, der dem Sowjetstaat daraus erwächst. Durch ihre raffinierte Tarnung ist es den Banditen gelungen, die zuständigen Kontrollorgane zu täuschen und Kommandohöhen der Partei zu besetzen mit der Absicht, die Vertreter der Sowjetmacht als unmenschliche Despoten hinzustellen, denen mehr an ihrem eigenen Vorteil als am Wohlergehen der Eingeborenen gelegen sei. In einer kürzlich gehaltenen Rede vor Absolventen der Roten Armee hat Genosse Stalin dazu folgendes angemerkt. Ich zitiere seine Darlegungen hier, weil sie nicht nur die tiefe Weisheit des Führers unserer Partei und Lenkers der Völker sichtbar machen, sondern auch, präziser als ich

äußerst vielversprechend klinge. Seit frühester Jugend bewunderte H. den sächsischen Volksschriftsteller, dessen Winnetou ihm schon in seiner Schulzeit in Linz Vorbild und Ansporn gewesen war. Auf Hanischs höhnische Bemerkung, Karl May habe die in seinen Romanen geschilderten Abenteuer nicht wirklich erlebt, antwortete H., genau das spreche für Mays Genialität, da dieser, ohne dort gewesen zu sein, Land und Leute in weit entfernten Erdteilen wahrheitsgetreu beschrieben habe. Jeder Karl-May-Roman wiege Dutzende von Reiseberichten auf, deren Verfasser sich wunders wieviel auf ihr Fachwissen einbildeten.

»Und wovon willst Du den Eintritt bezahlen?« sagte Hanisch, während er seine Wangen mit Rasierschaum einseifte und prüfend in den Spiegel blickte. »Das Billet kostet mindestens zwei Kronen.« – »Es gibt Stehplätze um fünfzig Heller.« H. strich sich mit dem Handrücken über das Kinn, auf dem noch keine Bartstoppeln sprossen. »Ich gehe zu Morgenstern und bitte ihn um einen Vorschuß auf mein nächstes Bild. Zwar fehlt noch der letzte Schliff, aber die Ansicht des Parlaments ist meine bisher beste Arbeit.« – »Tut mir leid«, sagte Hanisch und schärfte das Rasiermesser an einer Lederschlaufe, »aber ich habe das Bild schon verkauft. Es hat nur drei Kronen eingebracht, und Morgenstern nimmt keine Aquarelle von dir mehr in Kommission.«

– »Du Schuft! Das Bild war das Zehnfache wert. Und wo ist mein Anteil am Verkauf?« – »Den kriegst du, sobald ich wieder flüssig bin.« Mit einer Behendigkeit, die Hanisch dem Freund nie zugetraut hätte, trat H. auf ihn zu, wand ihm das Rasiermesser aus der Hand, drückte ihm mit der linken Faust die Kehle zu und preßte mit der rechten die Klinge an seine Halsschlagader. »Schon gut«, stöhnte Hanisch, dessen von Alkohol gerötetes Gesicht zuerst aschfahl wurde und dann blau anlief: »Das Geld liegt in der Nachttischschublade!«

Noch am gleichen Tag erstattete H. Anzeige gegen seinen

Zimmergenossen wegen Diebstahls einer von ihm gemalten Stadtansicht, die er Hanisch in Kommission gegeben habe, und Unterschlagung des ihm rechtmäßig zustehenden Anteils am Verkaufserlös. In dem vom Bezirks-Polizei-Kommissariat Brigittenau aufgenommenen Protokoll, das später ins Parteiarchiv der NSDAP gelangte, ist nicht von Hanisch die Rede, sondern von einem gewissen Friedrich Walter, der seinen Beruf mit Bühnenarbeiter angab und unter falschem Namen im Männerwohnheim lebte.

»Adolf Hitler, Kunstmaler,« heißt es in dem erst Ende der fünfziger Jahre wiederentdeckten Protokoll, »20. 4. 1889 in Braunau geb., Linz zuständig, kath., ledig, Wien XX. Meldemannstraße 27 wohnhaft, gibt an: Es ist nicht richtig, daß ich dem Hanisch den Rat gegeben habe, er solle sich als Fritz Walter anmelden, ich habe ihn überhaupt nur als Walter Fritz gekannt. Da er mittellos war, gab ich ihm die Bilder, die ich malte, damit er sie verkaufe. Von dem Erlöse erhielt er von mir regelmäßig 50%. Vor ungefähr zwei Wochen ist Hanisch ins Männerheim nicht zurückgekehrt und hat mir das Bild *Parlament* im Werte von 50 Kr. und ein Aquarellbild im Werte von 9 Kr. veruntreut. Ich kenne den Hanisch vom Asyl in Meidling, wo ich ihn einmal traf. Gez.: *Adolf Hitler.*«

Der Beschuldigte gab auf der Polizeiwache zu Protokoll, H. habe es Hanisch zu verdanken, daß er seine Bilder, die aufgrund ihrer schlechten Qualität unverkäuflich gewesen seien, überhaupt an den Mann habe bringen können; trotz fehlender Nachfrage habe H. sich von Hanisch übervorteilt gefühlt, weil die Bilder ihm weniger einbrachten, als Pinsel, Farben und Papier gekostet hätten. Das Gericht schloß sich dieser Argumentation nicht an und verurteilte ihn zu einer Woche Arrest, nach deren Verbüßung Hanisch sich erneut im Männerheim einquartierte, diesmal unter dem Namen Walter Fridolin.

5

Der Weg von der Polizeiwache im zwanzigsten zum Sofiensaal im dritten Bezirk von Wien dauerte mit der Straßenbahn nur eine halbe Stunde, zu Fuß aber anderthalb. Die von Hanisch entliehenen Schuhe waren löchrig und zogen Wasser. H. blieb vor dem Laden eines Pfandleihers stehen, in dessen Auslage gut erhaltene Militärstiefel standen, um dreißig Kronen das Paar. Hätte Hanisch ihn nicht so schäbig übervorteilt, hätte er in diesen glänzend gewichsten Stiefeln dem Verfasser des *Winnetou* unter die Augen treten können. Aber so? Er setzte sich auf eine Parkbank, wrang die Socken aus und versah die Schuhe mit einer doppelten Lage Zeitungspapier, aber es half nichts, schon nach wenigen Schritten waren seine Füße wieder naß.

H. war hungrig. Seit dem Frühstück hatte er nichts gegessen, der Streit mit Hanisch hatte das Hungergefühl verdrängt, aber jetzt machte sich laut knurrend sein Magen bemerkbar. Er trat in eine Konditorei, auf deren Theke ein Tablett mit Wurst- und Käsesemmeln stand, zu fünfzig Heller pro Semmel. Die Bäckersfrau trug ein Blech mit Schaumrollen herein, seine Lieblingsspeise, an der er sich als Kind nie hatte satt essen können, nur dreißig Heller das Stück. Aber seit er durch die Lektüre von Schönerers alldeutschem Manifest zum Vegetarier geworden war, verzichtete H. auf den Verzehr von Wurst- und Käsesemmeln und aß lieber trockenes Brot. Unsere Vorfahren, die alten Arier, hatten sich gesünder ernährt als wir. Sie aßen keine durch Chemie verdorbenen, aus dem Ausland importierten Lebensmittel, nur das, was in germanischen Gauen wuchs! Vor anderthalb Jahren hatte H., um von Stund an abstinent zu leben, seine letzte Zigarette in die Donau geworfen und das aus dem Männerheim mitgenommene Wurstbrot an einen Schäferhund verfüttert, der ihm dankbar die Stiefel geleckt hatte. Nur der Verzicht auf Schaumrollen fiel ihm schwer, die er nach dem Besuch einer Wagner-Oper im Operncafé zu sich zu nehmen pflegte. Aber trockenes Brot hatte denselben, sogar einen höheren Nährwert und war bekömmlicher für den Magen, sofern es sorgfältig eingespeichelt und lange genug gekaut wurde. *Nicht kauen, fletschern!* H. kaufte eine Tüte mit altbackenen Semmeln und blieb, mit vollen Backen fletschernd, an der Auffahrt zu einem Luxushotel stehen, vor dem im gleichen Augenblick eine Pferdedroschke hielt. Ein Portier in silberbetreßter Livree öffnete mit tiefer Verbeugung den Wagenschlag, und eine Dame im Pelzmantel stieg aus am Arm eines weißhaarigen Herrn, dessen Blick nachdenklich, wie es schien, auf H. ruhte, während der Gepäckträger unter Aufsicht des Droschkenkutschers die Koffer entlud. War das vielleicht Karl May? H. fand keine Zeit, sich diese Frage zu beantworten, weil ein Schutzmann mit böse gesträubtem Schnurrbart ihn mit dem Ruf *Betteln und Hausieren verboten!* von der Auffahrt des Hotels vertrieb.

6

Es war nicht das übliche, schöngeistige Publikum, das an diesem nebligtrüben Märzabend im diffusen Schein der Gaslaternen dem in der Marxergasse gelegenen Sofiensaal zustrebte, wo Frank Wedekind und Bernard Shaw mit blendenden Paradoxien das gebildete Wien zu Beifallsstürmen hingerissen hatten. An Stelle blaublütiger Baronessen in vornehmer Abendgarderobe, denen soignierte Herren mit Spazierstöcken und Zylindern das Geleit gaben, waren nur Köchinnen und Dienstmädchen mit von der Kälte geröteten Wangen zu dem Vortragssaal unterwegs. Es war, als hätte die Stadt ihre in Hinterhöfen, Dachböden und Kellern verborgene Unterschicht ausgespien, die wie ein Verdauungstrakt den physischen Stoffwechsel regelte: Anstelle säbelrasselnder Generäle in ordensgeschmückten Uniformen sah man Offiziersburschen und Pferdeknechte; anstelle behäbiger Bürger mit goldenen Uhrketten am Bauch torkelten betrunkene Dachdecker aus den Kaschemmen und schlossen sich den Schornsteinfegern und Zimmermännern an, die schweigend, als handle es sich um einen politischen Protest, durch die dunklen Straßen zogen; und anstelle bleichsüchtiger Studenten mit blaugefrorenen Nasen und rotgesichtiger Professoren im schwarzen Frack reihten sich Bierkutscher und Metzgergesellen in die vor der Kasse wartende Menschenschlange ein.

Der zweitausend Zuhörer fassende Sofiensaal war bis zum letzten Platz ausverkauft. In der ersten Reihe, gegenüber vom Podium, saß die Friedensnobelpreisträgerin Bertha von Suttner, von weitem erkennbar an ihrem mit einem funkelnden Diadem geschmückten, hochgesteckten Haar. Neben ihr, sie um Haupteslänge überragend, der wie ein Box-Champion wirkende Sekretär des Akademischen Verbands Robert Müller, der als Schiffs-Steward Nord- und Südamerika bereist hatte, obwohl böse Zungen behaupteten, seine Abenteuer am Mississippi und Amazonas habe er in einer Wiener Nervenheilanstalt erlebt.

Für einen Sitzplatz hatte H.'s Geld nicht gereicht. Er stand im Parkett, eingekeilt zwischen den Brüsten einer laut schwatzenden, heftig schwitzenden Kaltmamsell, die sich von hinten an ihn preßte, während sie über seine Schulter hinweg mit ihrer Nachbarin sprach. Aus ihrem Mieder und aus ihren Achselhöhlen drang eine Ausdünstung von saurem Schweiß, in den sich der Duft von Kernseife und ein anderes, typisch weibliches Aroma mischte, das ihm, wie jeder Körpergeruch, Übelkeit verursachte, und doch, wider Willen, angenehm war. »Mir ist so kannibalisch wohl«, murmelte H. halblaut vor sich hin und war im Begriff, in der Körperwärme zu versinken wie in einem süßen Brei, als die Kaltmamsell ihn mit den Worten: »Was hast du gesagt?« aus seinem Tagtraum riß.

»Wieso duzen Sie mich«, sagte H. »Oder sollten wir uns schon einmal begegnet sein?« – »Was nicht ist, kann ja noch werden«, meinte die Kaltmamsell und sah ihn keck von der Seite an. »Der ist noch grün hinter den Ohren«, setzte sie, an ihre Nachbarin gewandt hinzu, und beide brachen in gackerndes Gelächter aus. H. fühlte Schamröte in sich aufsteigen, während über der Bühne der Vorhang niederging und im Zuschauerraum das Licht verlosch, um den Beginn der Vorstellung anzuzeigen.

»Wenn du zum Weibe gehst, vergiß die Peitsche nicht«, sagte sich H., während sich der Vorhang lüftete und im Lichtkegel zweier Scheinwerfer ein zierlicher alter Herr mit silbernem Schnurrbart und schlohweißem Haar erstaunlich leichtfüßig das Podium erklomm und dem aufbrausenden Beifall wie ein erfolgsgewohnter Dirigent mit erhobenen Armen Schweigen gebot. »Das Volk ist eine Frau, die mit harter Hand geführt und verführt werden will«, dachte er. Nur so, durch eisernen Willen, hatte Karl May den kometenhaften Aufstieg zum Volksschriftsteller geschafft, von dem sich Millionen Leser willig führen und verführen ließen. Und er schüttelte die animalische Wärme der Frauen von sich ab, um Old Shatterhand auf seiner Pilgerfahrt ins Reich der Edelmenschen zu begleiten.

7

»Hochverehrte Damen und Herren, liebe Leserinnen und Leser, und vor allen Dingen sehr geehrte Mitglieder des Akademischen Verbandes für Kunst und Musik!« Mit dieser Anrede begann der alte Herr seinen mit Ungeduld erwarteten Vortrag, nachdem der Beifall des Publikums, das sich von den Stühlen erhob, um sein Idol mit einer stehenden Ovation zu begrüßen, endlich verrauscht war. »Ich habe den Titel EMPOR INS REICH DER EDELMENSCHEN aus gutem Grund gewählt, denn das ist das Hauptthema des großen Menschheitslebens und auch meines eigenen Lebens. Trotz meiner siebzig Jahre bin ich kein Gewordener, sondern ein Werdender, der bittend und nicht gebietend an Ihre Tür klopft, um freundlich eingelassen zu werden. Ich komme gern nach Wien, weil ich die alte Kaiserstadt liebe und weil in Österreich der Frühling Einzug hält, während wir im kalten Norden noch in Filzpantoffeln stecken und uns an zerbrochenen Ofenkacheln wärmen. Wir sehnen uns nach neuen Idealen, nach dem Drama der Zukunft, nach dem großen Meister, der da kommen soll, und wer weiß, vielleicht weilt er heute Abend schon unter uns und gibt sich durch Rauchzeichen zu erkennen?«

Karl May machte eine Kunstpause, nahm die Brille ab, beschattete die Augen mit der Hand und spähte wie ein Apatsche auf dem Kriegspfad in die Tiefe des Saales, aus dem eine Woge von Beifall antwortete. »Recht so«, setzte er, nachdem der Applaus verebbt war, hinzu, »denn ich bin heute hierher gekommen, um dem Messias des neuen Jahrhunderts, dem Bahnbrecher der Zukunft die Hand zu drücken und ihm von diesem Podium aus zuzurufen, daß ich alter Mann die wenige, mir noch verbleibende Zeit dem Ziel weihe, für das auch er kämpft: EMPOR INS REICH DER EDELMENSCHEN!

Aber wie kommen wir dorthin? Indem wir fliegen. – Ja, können wir denn fliegen? Wir können nicht nur, wir müssen fliegen, wenn wir die Menschheitsfrage lösen wollen, damit die Zukunft zur Gegenwart wird. Damit meine ich weniger den körperlichen als den seelischen Höhenflug. Um leiblich fliegen zu können, brauchen wir kühne geistige Piloten, die sich wie Aeronauten in die freien Lüfte erheben. Montgolfier hat uns das vorgemacht zu einer Zeit, als noch niemand den Mut hatte, mit Fesselballons in den Himmel aufzusteigen. Später erfand man die Lokomotive, die Draisine, das Ein-, Zwei- und Dreirad, das Motorrad, das Automobil. Selbst in der Dichtkunst wird heute Motorrad und Auto gefahren. Aber wo sind die geistigen Aviatiker, die Doppeldecker und Zeppeline der Seele?

Ich lasse diese Frage unbeantwortet und bitte Sie statt dessen, sich meinem Aeroplan anzuvertrauen und mit mir die alte Erde, auf der wir stehen, zu verlassen. Wir fliegen drei Monate lang der Sonne entgegen und dann noch drei Monate lang über sie hinaus. Da treffen wir auf den Stern Sitara, auf dem es nicht fünf Erdteile und ebensoviele Rassen, sondern nur zwei Erdteile mit einer einzigen Rasse gibt, die nur nach gut und böse, hoch- oder niedrigdenkend, auf- oder abwärtsstrebend geschieden ist. In Ardistan leben die Niedrigen, die Unedlen, in Dschinnistan die Hohen und Edlen. Beide sind verbunden durch den schmalen Grat von Märdistan und den Wald von Kulub, in dem der See der Schmerzen und die Geisterschmiede liegt.«

»Ich wurde im tiefsten Ardistan geboren,« fuhr Karl May fort, nachdem er sich mit einem Schluck Wasser erfrischt hatte. »Meine Eltern waren blutarm. Sie haben fleißig gearbeitet und fleißig gehungert, aber nie sind sie irgendjemand einen Pfennig schuldig geblieben. Was mich zum Hakawati, zum Märchenerzähler gemacht hat, waren die Geschichten meiner Großmutter, denn bei meiner Geburt war ich blind, und ihre Erzählungen brachten Glück und Sonnenschein in die Dunkelheit, die mich umfing. Sie wiegte mich im Schoß, und ich sagte zu ihr: ›Großmutter, ich will Hakawati werden. Ich will von Dschinnistan erzählen, deshalb muß ich aus Ardistan hinaus.‹

Trotz allen Erdenleidens bin ich ein glücklicher Mensch. Ich habe mich aus dem Abgrund emporgearbeitet und wurde immer wieder in die Tiefe zurückgestoßen, und doch liebe ich meine Peiniger und lege Glück und Sonnenschein in jede Zeile, die ich schreibe.

Meine äußere Persönlichkeit wird Karl May genannt und beschäftigt sich mit Schriftstellerei. Doch es gibt zwei Karl Mays, einen echten und einen gefälschten. Der echte wurde in dem erzgebirgischen Städtchen Hohenstein-Ernstthal geboren, der gefälschte wird als Schindmähre durch Gerichtssäle und Redaktionsstuben geschleift. Trotzdem scheue ich keine Kritik, solange sie von Berufenen kommt, die ebenso edelmenschlich denken wie ich. Die Edelkritik darf meine Fehler tadeln, aber sie wird niemals meine Feindin sein. ›*Ich komm zu dir im Sonnenstrahl.*‹ Jehova naht sich uns nicht in Donner und Blitz, sondern in Liebe. Und Israel, das Volk Gottes? Wieviel haben wir von ihm übernommen und geerbt! Welche Regeln der Menschlichkeit! Nie können wir den Israeliten dankbar genug sein!

Und nun das Christentum, was soll ich dazu sagen, zum heutigen Christentum? Ich entwerfe hier nur den Rahmen zu meinem Bilde, das Postament zu meiner späteren Figur. Der Ort, an dem unser Flug beginnt, ist ein hoher Berg namens Mount Winnetou. Dorthin führen die Wege aller meiner Bücher, durch die Wüste und durch die Prärie. Unser Aeroplan rollt über die Landebahn, schon weicht die Fläche unter uns – «

Old Shatterhands Stimme versagte, die Faust, die so viele Rothäute und Bleichgesichter kampfunfähig geschlagen hatte, zuckte ziellos durch die Luft, als fechte sie gegen einen unsichtbaren Gegner, der stärker war als sie. Der alte Mann schwankte, er kippte vornüber und riß das vor ihm stehende Wasserglas um, dessen Inhalt sich über seine Frackbrust ergoß. Mit schwindender Kraft hielt er sich am Rednerpult fest und wäre seitlich vom Podium gestürzt, wäre nicht Robert Müller, der Sekretär des Akademischen Verbands, geistesgegenwärtig zur Stelle gewesen und hätte seinen Fall gebremst.

Ein Ruck der Enttäuschung war durch das Publikum gegangen, als der Autor des *Winnetou*, anstatt von seinen Abenteuern im Wilden Westen zu erzählen, seine Weltanschauung darzulegen begann, die für die meisten Zuhörer ein Buch mit sieben Siegeln war. Aber der Redner hatte die Hörer immer mehr in seinen Bann geschlagen, die anfängliche Enttäuschung machte gespannter Erwartung Platz, und als er das Märchen von Ardistan und Dschinnistan erzählte, wurde es mucksmäuschenstill im Saal, nur das Husten eines Droschkenkutschers und das Schluchzen eines Dienstmädchens waren zu hören, während er sich aus der Finsternis zum Licht emporarbeitete, um dann vom Gipfel des Mount Winnetou aus der Sonne entgegenzufliegen.

Ungläubiges Erstaunen, das in Entsetzen umschlug, als der Zauberer auf offener Bühne zusammensackte, allen stockte der Atem, als Robert Müller das Podium erklomm, Schreckensrufe, als er den Stürzenden auffing, und allgemeine Erleichterung, als der gefallene Held, während seine Frau Klara ihm den Kragen öffnete und Müller ihm Luft zufächelte, endlich die Augen aufschlug. Das Wechselbad der Gefühle riß das Publikum von den Stühlen und entlud sich in Hochrufen und nicht enden wollendem Applaus, den Old Shatterhand müde winkend abwehrte.

8

»Ich habe ihm gesagt, daß die Signierstunde vorüber ist«, sagte Robert Müller, »aber er will kein Autogramm. Er sagt, er müsse unbedingt persönlich mit Ihnen sprechen, es sei lebenswichtig für ihn.« – »Wie heißt der Mann?«

»Sein Name ist Hüdler oder Hüttler. Er behauptet, er sei

dies könnte, die Quintessenz meines Plädoyers zusammenfassen:

»Die Losung ›Die Kader entscheiden alles‹ erfordert, daß unsere Leiter das sorgsamste Verhalten zu den Arbeitskräften an den Tag legen, ihnen helfen, wenn sie der Unterstützung bedürfen, sie ermuntern, wenn sie Erfolge aufzuweisen haben, usw. Indes sehen wir in der Praxis häufig Fälle von herzlos bürokratischem und geradezu unmenschlichem Verhalten gegenüber Untergebenen. Wie ist das zu erklären? Das ist dadurch zu erklären, daß man bei uns nicht gelernt hat, den Menschen zu schätzen, die Arbeitskräfte zu schätzen, die Kader zu schätzen. Ich erinnere mich eines Falles in Sibirien, wo ich damals in der Verbannung lebte. Es war im Frühjahr, zur Zeit des Hochwassers. Dreißig Mann waren zum Fluß gegangen, um Holz herauszufischen, das von dem tobenden, gewaltigen Strom fortgeschwemmt worden war. Am Abend kamen sie ins Dorf zurück, ein Kamerad aber fehlte. Auf meine Frage, wo er geblieben sei, antworteten sie gleichgültig: ›Was gibt's da noch zu fragen, er ist ertrunken.‹ Und einer von ihnen lief weg mit dem Ruf: ›Die Stute muß getränkt werden!‹ Auf meinen Vorwurf, daß ihm am Vieh mehr liege als an einem Menschen, erwiderte er: ›Menschen gibt es wie Sand am Meer, aber Stuten sind hierzulande dünn gesät!‹ Mir scheint, daß das gleichgültige Verhalten der Leiter gegenüber den Kadern, ihr Unvermögen, den Wert des Menschen zu schätzen, ein Überbleibsel jenes gefühllosen Verhaltens ist, das in der erzählten Episode aus dem fernen Sibirien zum Ausdruck kommt.«

(Die Zuhörer und die Beisitzer des Gerichts erheben sich von ihren Plätzen, der Saal erdröhnt von Beifall, von überallher ertönen Rufe: ›Ruhm und Ehre dem Genossen Stalin!‹ – ›Lang lebe der große Stalin!‹ – ›Unserem Genius, Genossen Stalin, Hurra!‹ Die Ovationen gehen über in den Gesang der Internationale, in den alle Anwesenden einfallen.)

»Durch Ihr einstimmiges Votum« – mit diesem Schlußwort beendete der Staatsanwalt sein Plädoyer – »haben Sie die Entscheidung des Gerichts vorweggenommen und das von mir geforderte Todesurteil bestätigt. Die Angeklagten sind unter der erdrückenden Beweislast zusammengebrochen. Sehen Sie nur – der sonst so selbstsichere Sementschuk ist leichenblaß, und sein Komplize Starzew schlägt verzweifelt die Hände vors Gesicht, weil er weiß, daß er der gerechten Strafe nicht entgeht!«

DOPPELANEKDOTE (III)

1

Als Peter der Große vom Gesandten des chinesischen Kaisers Kang Hsi einen Korb mit Mandarinen überreicht bekam, die in China Gesundheit und langes Leben symbolisieren, befahl er dem berühmten Reisenden Vitus Bering, ihm noch mehr solcher Früchte zu beschaffen. An Stelle des beschwerlichen Landwegs quer durch Asien wählte Bering den zwar längeren, dafür aber kurzweiligeren Seeweg, der ihn ums Kap der Guten Hoffnung über Indien und Ceylon nach China führte. In Kanton nahm er eine Ladung Mandarinen an Bord und segelte, um die Fahrtzeit zu verkürzen, durch die später nach ihm benannte Beringsee ins Polarmeer, wo sein Schiff im Packeis stekkenblieb und die gesamte Besatzung an Skorbut zugrunde ging, weil Vitus Bering den Matrosen verboten hatte, die für den Zarenhof bestimmten Früchte zu essen. Zweihundert Jahre später entdeckte der sowjetische Polarforscher Schmidt während der Überwinterung auf Franz-Josefs-Land ein Schiffswrack mit tiefgefrorenen Mandarinen, deren Vitamingehalt den Mitgliedern seiner Expedition das Leben rettete. Nach Moskau zurückgekehrt, wurde Schmidt im festlich geschmückten Katharinensaal des Kreml empfangen und auf Vorschlag des Genossen Stalin zum Helden der Sowjetunion ernannt. Der Polarforscher bedankte sich für die ihm erwiesene Ehre, indem er dem Generalsekretär der KPdSU eine inzwischen aufgetaute Mandarine überreichte, die dieser von Außenminister Litwinow vorkosten ließ und anschließend selbst probierte. Stalin lobte die Süße und den Wohlgeschmack der Frucht: Sie sei saftiger als Apfelsinen von der Krim, die, trotz des Regierungsdekrets zur Versorgung der Bevölkerung mit frischem Obst nur in angefaultem Zustand in den Handel gelangten; solche durch kriminelle Nachlässigkeit hervorgerufene Schlamperei, die den Feinden der Sowjetunion in die Hände spiele, wenn diese nicht selbst dahinter steckten, werde in Zukunft unnachsichtig und streng bestraft.

2

Am 1. Mai 1937 unterbrach Radio Moskau die Berichterstattung von der Militärparade auf dem Roten Platz, die in Anwesenheit des Genossen Stalin und der Mitglieder des Politbüros Molotow, Jeschow und Woroschilow stattfand, mit folgender Durchsage, die dem Koch des Hotels Metropol, während er in der Küche Zwiebeln schnitt, Tränen in die Augen trieb:

DIE ERSTEN 24 STUNDEN SEIT ERRICHTUNG DER SOWJETISCHEN POLARSTATION AM NORDPOL SIND VORÜBER STOP FÜNF ZELTE WURDEN AUF TREIBENDER EISSCHOLLE AUFGESCHLAGEN STOP ZWEI FUNKMASTEN MIT VERBINDENDER ANTENNE AUFGESTELLT KOMMA THEODOLIT STEHT AUF DREIFUSS ZUR BEOBACHTUNG DER SONNENHÖHE UND ZUR BESTIMMUNG UNSERES STANDORTES IM TREIBEIS STOP ERSTE WETTERBERICHTE ERREICHTEN MOSKAU IN VORGESCHRIEBENER ZEIT KOMMA VERHÄLTNISMÄSSIG WARM KOMMA MINUS ZWÖLF GRAD SONNE KLEIN NAH DER ERDE STOP VIER MITGLIEDER DES ÜBERWINTERUNGS-KOLLEKTIVS HABEN ZUSAMMEN MIT DER MANNSCHAFT EXPEDITIONSAUSRÜSTUNG AUSGEPACKT KOMMA DRAHTLOSE STATION UND WISSENSCHAFTLICHE INSTRUMENTE STOP ACHT TONNEN AUSRÜSTUNG EINSCHLIESSLICH WINDMOTOR KOMMA ZWÖLF MONATE PROVIANT UND LEBENSMITTELRESERVEN KOMMA BRENNSTOFF UND WINTERZELT FÜR NOTFALL AN BORD STOP FÜHLEN UNS AUSGEZEICHNET KOMMA SCHLIEFEN NACH 24STÜNDIGER ARBEIT IN WARMEN

SCHLAFSÄCKEN STOP HABEN FÜNF MÄNNER DER TSCHELJUSKIN WIEDER ZUM LEBEN ERWECKT KOMMA DIE AUF TREIBENDER EISSCHOLLE ZU UNS GESTOSSEN SIND KOMMA HABEN AN DEN ELEMENTEN FÜR DEN VERLUST DER TSCHELJUSKIN RACHE GENOMMEN STOP ERFREUT ZU BERICHTEN DASS WIR BEFEHLE DES GENOSSEN STALIN AUSFÜHREN KONNTEN UND EINEN FESTEN STÜTZPUNKT AM POL FÜR WISSENSCHAFTLICHE FORSCHUNG UND FLUGZEUGE ERRICHTEN STOP IN GEDANKEN BEI UNSEREM GROSSEN VATERLAND STOP SCHMIDT

In seinem langjährigen Berufsleben hatte Viktor Borissowitsch Luschkin schon viele Zwiebeln geschält. Was dem Koch des Hotels Metropol Tränen in die Augen trieb, war nicht das scharfe Aroma der Knollen, die er in Würfel schnitt und in einen brodelnden Topf mit Borschtsch warf, der am Abend beim Empfang der Staats- und Parteiführung für die diesjährigen Helden der Arbeit im Kreml serviert werden sollte, sondern Freude und Stolz über die Erfolge der Sowjetwissenschaftler im ewigen Eis, an denen Luschkin nicht unbeteiligt war. Voller Rührung erinnerte er sich daran, wie er dem Akademiemitglied Otto Juljewitsch Schmidt auf dessen Frage, ob es möglich sei, auf Eisschollen ausgesetzte Schweine mit Küchenabfällen zu füttern und diese im arktischen Winter zu schlachten, um so die Expeditionsteilnehmer vor dem Hungertod zu bewahren, geantwortet hatte, daß dies unmöglich sei: Bei Temperaturen von minus 40 Grad würde selbst die fetteste Sau erfrieren und anschließend von Eisbären oder Raubmöwen gefressen; außerdem würden die Schweine während des Fluges im Gepäckraum hin und herspringen, Ausrüstungsgegenstände beschädigen und durch ihr Quieken die bis zum Zerreißen gespannten Nerven der Polarforscher zusätzlich belasten. Und er machte sich anheischig, für die Überwinterer Speisen zu kochen, die ebenso nahrhaft und schmackhaft seien wie Schweinefleisch, aber nur einen Bruchteil von dessen Gewicht beanspruchen würden. Unter Aufsicht des Kochs wurden fünfzig Rinder geschlachtet und mit einer Tonne kleingehacktem Gemüse zu einer Brühe zerkocht, die alle lebensnotwendigen Vitamine und Minerale enthielt und in pulverisiertem Zustand nur fünf Zentner wog. Mit dieser kräftigenden Bouillon war das Überwintern am Nordpol ein Kinderspiel.

Viktor Borissowitsch Luschkin wischte sich die Tränen aus den Augen und wandte sich seiner Arbeit zu. Für ihn gab es keine Heldentaten, keine Abenteuer und keinen öffentlichen Applaus, nur das tägliche Einerlei. Er befahl dem Küchenjungen, das Radio auszuschalten, und ballte drohend die Faust, um seinen Worten Nachdruck zu verleihen, aber wie im Märchen von Dornröschen erstarrte die zum Schlag erhobene Hand, als der Radiosprecher seinen Namen verlas, der auf der Liste der diesjährigen Helden der Arbeit an erster Stelle stand. Bei dem anschließenden Empfang der Staats- und Parteiführung im Katharinensaal des Kreml lobte Genosse Stalin das feine Aroma des Borschtsch, den er von seinem Stellvertreter Molotow vorkosten ließ, und meinte scherzhaft, mit einer so nahrhaften Suppe zöge auch er sich liebend gern ins ewige Eis zurück.

EMPOR INS REICH DER EDELMENSCHEN ODER: WIE KARL MAY ADOLF HITLER TRAF

achdthen jahr / wien thüdothdbahnhof / wath tholl /
der machen / der pursch / mit theine / achdthen jahr
Ernst Jandl

1

Old Shatterhand war müde. Er hatte sich aus Nacht zum Licht emporgearbeitet, denn bei seiner Geburt im sächsischen Ernstthal war er blind gewesen und hatte erst mit vier Jahren nach einem ärztlichen Eingriff das Licht der Welt erblickt – buchstäblich, und nicht bloß im übertragenen Sinn. Als fünftes von vierzehn Kindern einer bitterarmen Weberfamilie hatte er die Not der Zeit am eigenen Leib erfahren und schon als Jugendlicher mit Arbeitshäusern und Besserungsanstalten Bekanntschaft gemacht. Sein ungestümes Temperament und seine blühende Phantasie brachten ihn wiederholt mit den Gesetzen in Konflikt, und anstatt sich auf den Schlachtfeldern des deutsch-französischen Krieges ehrenvoll auszuzeichnen, hatte er die Reichsgründung als rechtskräftig verurteilter Dieb und Hochstapler hinter Gefängnismauern erlebt. Sein Aufstieg vom stellungslosen Volksschullehrer zum gefeierten Volksschriftsteller, dessen in alle Weltsprachen übersetzte Werke ein Millionenpublikum begeisterten, war mühsam und teuer erkauft, und erst in vorgerücktem Alter hatten seine vom Schreiben ermüdeten Augen die fernen Länder erblickt, deren buntes Treiben seine Reise- und Abenteuerromane so eindringlich schilderten. Auf dem Kamelmarkt von Kairo hatte er endlich seinen treuen Gefährten Hadschi Halef Omar in die Arme geschlossen, der, wie jeder Leser seiner Romane weiß, mit vollem Namen Hadschi Halef Omar

Ben Hadschi Abul Abbas Ibn Hadschi Dawuhd al Gossarah heißt. Und beim Besuch eines Indianer-Reservats hatte ihn der zum Irokesenbund gehörige Stamm der Tuskarora zum Ehrenhäuptling ernannt und sein ergrautes Haupt mit einer Haube aus Adlerfedern geschmückt.

Auf dem Höhepunkt seines Ruhms aber, pünktlich zu seinem siebzigsten Geburtstag am 25. Februar 1912, hatte ihn die üble Nachrede eingeholt, vor der er um die halbe Welt geflohen war. Sensationslüsterne Schmierfinken, denen die Popularität seiner Bücher ein Dorn im Auge war, kolportierten unbewiesene Gerüchte, denen zufolge er wegen Hochstapelei im Zuchthaus gesessen und die angeblich selbsterlebten Abenteuer, die er in seinen Romanen zum besten gab, von A bis Z erlogen habe. Die ehrabschneidenden Lügen, deren Verbreitung er durch kostspielige Prozesse vergeblich zu verhindern suchte, gipfelten in der Forderung, seine angeblich jugendgefährdenden Schriften zu verbieten und als Schmutz und Schund aus öffentlichen Bibliotheken zu entfernen.

Ein halbes Jahrhundert zuvor hatte er in einer ähnlich ausweglosen Situation seine stählerne Fessel gesprengt, den ihn begleitenden Gendarmen mit einem Fausthieb niedergestreckt und sich durch Flucht ins Erzgebirge den Nachstellungen der Polizei entzogen. Auch jetzt juckte es ihm in den Fingern, seine Feinde mit dem berühmten Schmetterschlag, der ihm den Beinamen Old Shatterhand eingebracht hatte, zu betäuben und anschließend an den Marterpfahl zu fesseln, um sie langsam Tode zu quälen, aber als Christ durfte er Gleiches nicht mit Gleichem vergelten. Auch der Henrystutzen, mit dem er zahlreiche Schurken in die ewigen Jagdgründe befördert hatte, kam diesmal nicht in Betracht, genausowenig wie der Bärentöter oder Winnetous silberbeschlagenes Gewehr, dessen von einem Dresdner Büchsenmacher gefertigter Nachbau über seinem Schreibtisch hing.

Anders als der Zweikampf mit einem Grizzlybären oder Komantschen, den ein Dolchstoß ins Herz beendete, wurde der unerklärte Krieg der Zeitungen mit Lügen und Verleumdungen geführt, in deren Schlingen sich das Opfer verhedderte, bis sie ihm die Luft abschnürten und die Journaille ihm gefahrlos den Skalp rauben konnte. Nicht Kraft, Mut und Geschicklichkeit im Umgang mit Tomahawk oder Bowie-Messer entschieden über Niederlage oder Sieg, sondern einzig und allein die Skrupellosigkeit, mit der käufliche Schreiberlinge die Worte zu verdrehen und die Wahrheit zu verfälschen verstanden.

Von düsteren Gedanken umwölkt, schritt er in seinem mit Jagdtrophäen geschmückten Arbeitszimmer auf und ab, vor dessen Fenster ein Magnolienbaum die im Frost erstarrten Knospen hängen ließ, die ihm wie Sinnbilder des eigenen Schicksals vorkamen: Auch die Blütenpracht *seines* Ruhms hatte ein Kälteeinbruch vor der Zeit erfrieren lassen. Obwohl seine Verleger ihn nach Strich und Faden betrogen und den Löwenanteil für sich behalten hatten, hatte er sich von den Tantiemen seiner Romane die Villa Shatterhand in Radebeul bei Dresden bauen lassen und mit bescheidenem Luxus ausgestattet, der im Vergleich zu den Protz- und Prunkburgen, die sich heute jeder Bäcker- und Metzgermeister leistete, anspruchslos war. Sein Blick glitt über Perserteppiche und Ottomanen, über denen eine Steinschloßflinte und zwei gekreuzte Krummsäbel hingen, und blieb an dem arabischen Tschibuk hängen, den ihm Hadschi Halef Omar zum Abschied überreicht hatte. Oder war es eine türkische Nargileh? In Wahrheit hatte seine zweite Frau Klara die Wasserpeife in einem Trödelladen in Dresden gekauft und ihm zur Erinnerung an ihre gemeinsame Pilgerreise ins Heilige Land geschenkt. Aber das war jetzt unwichtig, ebenso wie die genaue Herkunft der Silberbüchse und des Kalumets aus dem Nachlaß seines Blutsbruders Winnetou.

Hauptsache, es war ein richtiges Gewehr, mit dem Apatschen gegen Komantschen Krieg führen, und eine Friedenspfeife, mit der sie Frieden schließen konnten, denn Frieden war besser als Krieg. Das hatte auch Bertha von Suttner gemeint, als sie ihm für sein Glückwünschtelegramm zur Verleihung des Friedensnobelpreises mit einem persönlichen Brief gedankt hatte: Frieden war besser als Krieg!

Er schritt auf dem Fell des Grizzlybären auf und ab, den er bei Recherchen für seinen Roman *Der Schatz im Silbersee* in den Rocky Mountains eigenhändig erlegt hatte, und blickte dem toten Bären in die Glasaugen und ins furchterregend aufgerissene Maul. Weder seine Reißzähne, noch seine Krallen hatten Meister Petz das Leben gerettet, im Gegenteil, die von Trappern als Delikatesse geschätzten Tatzen hatten seinen Untergang noch beschleunigt.

Frieden war besser als Krieg! Vielleicht sollte Old Shatterhand jetzt eine Friedenspfeife anzünden, aber das Tabakrauchen hatte er sich schon vor Jahren abgewöhnt, weil ihm das Nikotin nicht bekam. Bei der Vorstellung, wieder zu rauchen, spürte er einen Juckreiz im Hals, den Vorboten einer Erkältung vielleicht, und mit sich selbst Frieden schließen konnte er auch ohne Nikotin. *Liebet eure Feinde!* Um den äußeren Feind zu besiegen, mußte der innere Feind niedergerungen werden, *den inneren Schweinehund besiegen* nannte der Volksmund das, oder ins Positive gewendet: EMPOR INS REICH DER EDELMENSCHEN!

Diesen Titel malte Old Shatterhand in kalligraphischen Buchstaben auf einen Bogen jungfräulich weißen Papiers, während sich vor seinen inneren Augen Worte und Sätze formten und Gedanken Gestalt annahmen, die er seinen Feinden als Weckruf ins Stammbuch schreiben wollte: EMPOR INS REICH DER EDELMENSCHEN!

2

Während sich das leere Blatt mit Schriftzügen zu füllen begann, lehnte knapp 500 Kilometer entfernt, im zwanzigsten Bezirk von Wien, Meldemannstraße 27, ein 22 Jahre alter Gelegenheitsarbeiter seine heiße Stirn an die kalte Wand des Männerwohnheims, in dem er seit anderthalb Jahren logierte. Wegen der allgemeinen Teuerung hatte die Leitung des Heims den wöchentlichen Mietzins von zweieinhalb auf drei Kronen heraufgesetzt, eine Summe, die dessen arbeits- und obdachlose Bewohner nur mit Mühe aufbringen konnten. Das galt auch für den bleichen Jüngling mit dem Anflug eines Schnurrbarts an der Oberlippe, der seinen Beruf mit Kunstmaler angab und von frühmorgens bis spätabends Stadtansichten zeichnete und kolorierte, um sie in Kramläden feilzubieten, deren meist jüdische Besitzer die Aquarelle zur Zurschaustellung ihrer Bilderrahmen benutzten. Der junge Mann trug einen Radmantel von unbestimmter Farbe, den er weder bei der Arbeit im Leseraum noch im beheizten Speisesaal ablegte, weil das darunterliegende Hemd zerschlissen war; die Sitzfläche seiner Hosen und die Ärmel des Mantels waren an den Ellbogen geflickt, und die Löcher in den Schuhsohlen hatte er mit Zeitungspapier zugestopft.

H. ging nur selten aus dem Haus und mied die bei den Bewohnern der Vorstädte beliebten Wirtshäuser und Bordelle, die den Armen das Geld aus der Tasche zogen und sie mit Tuberkulose oder Syphilis infizierten, wobei die Seuchenträger identisch waren mit den zur Heilung bestellten jüdischen Ärzten, die das Elend der Arbeitslosen in klingende Münze verwandelten.

Obwohl er, abgesehen von seiner Blässe und Magerkeit, von gewinnendem Äußeren war, hatte H. noch keine Frau erkannt, wie es in der Bibel heißt, und als ihm bei Ablieferung eines Aquarells die Dame des Hauses im seidenen Morgenmantel mit verrutschtem Négligée die Tür geöffnet hatte, war er Hals über Kopf geflohen vor dieser Potiphar, die laut aufgelacht und ihm ein obszönes Wort nachgerufen hatte, das im Männerheim noch auf Tage hinaus Stoff für anzügliche Bemerkungen bot. Besonders sein Freund Hanisch konnte sich nicht beruhigen bei dem Gedanken, daß er diese einmalige Chance, wie er sich ausdrückte, nicht beim Schopf oder noch besser um die Hüften gefaßt hatte, um das Angenehme mit dem Nützlichen zu verbinden, da die mit einem Galanteriewarenhändler verheiratete Dame keineswegs unbetucht war. Vergeblich wies H. seinen Freund darauf hin, daß er seiner Jugendliebe in Linz ewige Treue geschworen habe; als die wiederholte Aufforderung, kein Kostverächter zu sein, nicht die erwünschte Wirkung zeigte, versuchte Hanisch, ihn bei der nationalen Ehre zu packen mit dem Satz, wenigstens hätte er dem jüdischen Schmarotzer, der in Bad Ischl sein Rheuma kurierte, Hörner aufsetzen und dem auserwählten Volk eine Lektion erteilen sollen!

H. hatte eigentlich nichts gegen Juden – im Gegenteil: Wenn alle so wären wie der gute Dr. Bloch, der seine kranke Mutter zu Tode gepflegt hatte, wäre er nie zum Antisemiten geworden. Auch der Glasermeister und Rahmenhändler Morgenstern hatte ihn immer pünktlich bezahlt, obwohl H. die bestellten Stadtansichten und kolorierten Postkarten meist mit mehrtägiger Verspätung abgeliefert hatte. Und beim Besuch eines Hauskonzerts in der Villa eines jüdischen Anwalts in der Ringstraße, zu der auch Angehörige der unteren Schichten Zutritt hatten, war er angenehm überrascht gewesen von der kultivierten Atmosphäre und der peinlichen Sauberkeit, die ihn an die gute Stube seiner Eltern in Linz erinnerte: Kein Staubkorn lag auf dem glänzenden Flügel, das Parkett war blankgewienert, und während die Tochter des Hauses, vom Vater am Klavier begleitet, Schubertlieder sang, servierte ein Dienstmädchen in weißer Schürze Sachertorte mit Schlagobers und Tee. Noch dazu hatte der alte Feingold dem jungen H., den Hanisch ihm als notleidenden Künstler empfohlen hatte, aus seiner

Privatschatulle eine Zuwendung von fünfzig Kronen bewilligt und, ohne zu zögern, Nietzsches Buch über Richard Wagner aus seiner Bibliothek geborgt, das er nach Ablauf der Leihfrist an der Haustür dem Dienstmädchen zurückgab.

H. hatte nichts gegen assimilierte Juden wie Dr. Feingold und Dr. Bloch, die sich, abgesehen von ihren hervorquellenden Augen und gebogenen Nasen, äußerlich kaum von Christenmenschen unterschieden, aber er empfand physischen Abscheu beim Anblick der Ghettojuden mit ihren geringelten Schläfenlocken, jenem Abschaum der asiatischen Steppen, der aus den unergründlichen Tiefen Rußlands über die offenen Grenzen des Habsburgerreichs schwappte, dessen altersschwache Regierung durch unkontrollierten Zuzug aus dem Osten die Fundamente des österreichischen Staates untergrub: Ein Abscheu, der sich zu würgendem Ekel steigerte, als ihn in einer verwinkelten Gasse der Leopoldstadt ein Hausierer ansprach und in mauschelndem Deutsch fragte, ob er Schnürsenkel kaufen wolle. Als H. barsch verneinte, zog der Schacherer einen Stapel pornographischer Fotos aus den Tiefen seines Kaftans, die er wie ein Kartenkünstler oder Trickbetrüger vor seinen erstaunten Augen aufblätterte.

Aber auch diese unangenehme Begegnung hatte H. noch nicht zum Antisemiten werden lassen. Vielleicht, sagte er sich, während er sich auf einer Parkbank niederließ und mit wedelndem Taschentuch den aus der Erinnerung hochsteigenden Knoblauchdunst vertrieb: Vielleicht war es weniger die Fremdheit des Mannes gewesen, welche ihn abstieß, als vielmehr dessen Armut, die ihm seinen sozialen Abstieg vom Bürgersohn zum Arbeitslosen vor Augen führte. Im Grunde, dachte H., während er den Papierkorb nach Essensresten durchwühlte, war er ebenso heruntergekommen wie die als Luftmenschen verspotteten jüdischen Wanderarbeiter, die auf der Flucht vor Pogromen von Dorf zu Dorf zogen und bei ihren Glaubensgenossen in Czernowitz oder Krakau Unterschlupf suchten, um irgendwann als Arbeitslose in den Vorstädten von Wien oder Berlin zu landen.

Unter den obwaltenden Umständen war es kein Wunder, daß immer mehr Menschen der Sozialdemokratie auf den Leim gingen, deren korrupte Führer mit leeren Versprechungen dem Arbeiter seine vom Munde abgesparten Groschen aus dem Portemonnaie zogen. Um gegen ihre Lügen immun zu werden, hatte H. die sozialdemokratischen Zeitungen gründlich studiert, die in den Volksbüchereien gratis auslagen, und von der Zuschauertribüne aus die Debatten im Reichsrat verfolgt, wo die jüdischen Führer der Sozialdemokratie, Dr. Adler, Dr. Ellenbogen und wie sie alle hießen, mit talmudischer Schläue gegen die alldeutschen Parteien vom Leder zogen. Einmal aber hatten diese Herrschaften die Maske braver Biedermänner fallen lassen, als die Meldung vom Einlenken des Zaren gegenüber den Forderungen der Juden in den sozialdemokratischen Parteitag hineinplatzte und Dr. Ellenbogen die russische Revolution hochleben ließ mit den Worten: »Wir wollen uns nicht länger von einer pfäffischen Kamarilla bevormunden lassen. Wenn's sein muß, kann Österreichs Proletariat auch russisch reden!«

Am Morgen des 1. Mai stand H. mit zornig geballter Faust in der Hosentasche allein am Straßenrand und sah den endlosen Zug von der Sozialdemokratie verführter Arbeiter vorbeidefilieren. Was als friedlicher Aufmarsch mit roten Fahnen begonnen hatte, schlug um in gewalttätigen Protest gegen die gestiegenen Lebensmittelpreise, in dessen Verlauf Schaufensterscheiben zu Bruch gingen und Geschäfte vom Mob geplündert wurden. Die Polizei feuerte ein paar Salven in die Menge, die Kavallerie schlug mit dem Säbel drein, und die Straßenschlacht endete wie das Hornberger Schießen mit Dutzenden von Verletzten, Blutlachen, Glasscherben und Pferdeäpfeln auf dem Trottoir, die von der Stadtreinigung aufgewischt oder eingesammelt wurden. Als am Tag danach ein junger Arbeiter mit roter Nelke im Knopfloch den Lesesaal des Männerwohnheims betrat, packte H. die kalte Wut und er beschimpfte die Sozialdemokraten als Judenknechte und arbeitsscheues Lumpenpack und konnte von Hanisch nur mit Mühe davon abgehalten werden, sich auf den Arbeiter zu stürzen, gegen dessen überlegene Körperkraft er den kürzeren gezogen hätte.

3

Old Shatterhand reiste erster Klasse. Er fuhr mit dem Vorortzug von Radebeul nach Dresden und stieg am Neustädter Bahnhof in einen Expreßzug der Sächsischen Staatsbahnen um, der ihn über Prag nach Wien befördern sollte. Der Zug fuhr das Elbtal entlang. Mit Villen bestückte Weinbergterrassen glitten vor dem Wagenfenster vorbei, die Schieferdächer und Fabrikschornsteine von Pirna und die an Minarette erinnernden Felstürme des Elbsandsteingebirges mit tief eingeschnittenen Schluchten, auf deren Grund Wildbäche tosten, die Schmelzwasser und Geröll aus Old Shatterhands erzgebirgischer Heimat mit sich führten. Bei Bodenbach passierte der Zug die böhmische Grenze. Nicht weit von hier hatte er als kleiner Junge Holz gesammelt, Schnaps geschmuggelt und im dunklen Tann gewildert, um die drückendste Not zu lindern; und in einem dieser Täler hatte er sich als entlaufener Sträfling in einem stillgelegten Bergwerk versteckt und wochenlang die Polizei an der Nase herumgeführt. Nicht einmal seinem Verleger Fehsenfeld hatte er von den Eskapaden seiner Jugend erzählt und alle diesbezüglichen Gerüchte als üble Nachrede von sich gewiesen; auch seine Frau, die in ihrem pelzverbrämtem Kostüm neben ihm saß und in der *Gartenlaube* blätterte, wußte von nichts. Ursprünglich war Klara nicht seine Gattin, sondern seine Geliebte gewesen, die ihm während einer gemeinsamen Orientreise von ihrem herzkranken Ehemann freiwillig abgetreten worden war. Aber erst nach Richard Plöhns Tod hatte er die Scheidung von Emma, seiner ersten Frau, eingereicht und nach Ablauf der Trauerzeit Klara geheiratet, die jetzt von ihrer Zeitschrift aufblickte und wissen wollte, ob er die von seinem Hausarzt Dr. Mickel verschriebene Medizin genommen habe? Die Reise nach Wien sei anstrengend, und die Ausarbeitung des Vortrags habe seine durch den strengen Winter geschwächte Gesundheit angegriffen.

»Keine Sorge,« sagte der 70jährige und ballte wie ein Boxer die Faust. »Old Shatterhand ist rüstig, und seine Schmetterhand schlägt alle Gegner aus dem Feld. Du wirst sehen: Mein Vortrag wirkt wie ein reinigendes Gewitter, das die durch Lügen vergiftete Atmosphäre klärt und der Wahrheit zum Durchbruch verhilft!«

Und er zog das Manuskript seiner Rede aus der Tasche und vertiefte sich in den von Klara ins Reine geschriebenen Text, den er mit doppelten Unterstreichungen, Frage- und Ausrufezeichen versah.

4

Am Morgen des 22. März 1912 überraschte der junge H. seinen Zimmergenossen Hanisch mit der Bitte, ihm für einige Stunden sein zweites Paar Schuhe zu leihen. Auf die Frage, wozu er die Schuhe benötige, erklärte H., er wolle zu Fuß in den dritten Bezirk gehen, um einen auf Plakaten angekündigten Vortrag von Karl May zu besuchen, dessen Titel EMPOR INS REICH DER EDELMENSCHEN

Kunstmaler von Beruf, aber er sieht eher wie ein Obdachloser aus.«

»Einer aus dem Millionenheer der Arbeitslosen«, sagte Karl May. »Ein Paria mit bohrendem Blick, von innerem Feuer verzehrt, der sich durch Nacht zum Licht emporwindet. Lassen Sie ihn herein!«

Als H. die Künstlergarderobe betrat, lag Old Shatterhand mit gestreckten Beinen und aufgeknöpftem Hemd auf einem Diwan, Berge von Blumen und einen Eiskübel mit einer Flasche Champagner neben sich. Seine Frau Klara massierte ihm die Füße, während Bertha von Suttner ihm den Schweiß von der Stirn tupfte.

»Der Rosenstrauß ist vom Oberbürgermeister Dr. Lueger«, sagte Robert Müller und zog eine Visitenkarte aus einem Kuvert, »aber auch Georg Schönerer und Lanz von Liebenfels haben Blumen geschickt, obwohl die Schrumpfgermanen von der Alldeutschen Partei sonst immer einen großen Bogen machen um den jüdischen Kultursumpf von Wien.« – »Beleidigen Sie meinen Führer nicht«, sagte H. »Ich bin Schönerianer und überzeugter Antisemit!« – »Dann verschwinden Sie!« schrie Robert Müller mit rotem Kopf. »Judenfeinde haben keinen Zutritt zum Akademischen Verband.« – »Hört auf zu politisieren«, rief Bertha von Suttner dazwischen. »Ich habe mein Leben lang für den Frieden gekämpft, und Politik bringt nur Unfrieden!« – »Ganz recht«, sagte Old Shatterhand leise. »Laßt uns das Kriegsbeil begraben, damit ich mich in Ruhe meinem Besucher widmen kann. Wie war Ihr Name doch gleich – Hudler oder Hüdler?«

»Adolf Hitler aus Linz, zur Zeit wohnhaft in Wien, Meldemannstraße 27. Wenn Sie gestatten, möchte ich lieber unter vier Augen mit Ihnen sprechen!«

»Ihr Vortrag hat mich zutiefst beeindruckt«, fuhr H. fort, nachdem Bertha von Suttner am Arm von Robert Müller erhobenen Hauptes die Garderobe verlassen hatte. Nur Klara May blieb zurück und legte ihrem Mann einen Eisbeutel auf die fiebernde Stirn; die lange Rede hatte ihn erschöpft, oder er hatte sich in dem ungeheizten Saal eine Erkältung geholt. »Sie werfen Perlen vor die Säue. Das Weibervolk begreift Ihre geistigen Höhenflüge nicht, und die Wiener Arbeiterschaft ist vom Virus der Sozialdemokratie infiziert. Eins verstehe ich nicht«, fügte H. nach einer Pause hinzu: »Die Judenpresse gießt Kübel von Schmutz über Ihnen aus, und Sie verteidigen Judas Ischarioth als Bringer des Lichts?«

»Liebet eure Feinde«, sagte Old Shatterhand und stärkte sich mit einem Schluck Champagner, der sein totenblasses Gesicht mit rosigem Schimmer überzog. »Je höher die Menschheit strebt, desto eher kommt sie zur Erkenntnis, daß der Teufel, den sie außer sich sucht, in ihr selber wohnt. Und wie der ewige Jude eine Personifizierung des Volkes Israel war, das heimatlos durch die Welt irrte, so ist der Teufel eine Personifizierung des Menschen, der durch Irrtum zur Erkenntnis und durch Lüge zur Wahrheit gelangt.

Was ist schlimmer: Ein Gott, der wegen eines Fehlers eines einzigen Menschenpaars, für dessen Fehlerhaftigkeit er als Schöpfer selbst verantwortlich ist, Millionen Unschuldiger ins Unglück stürzt und wegen eines lächerlichen Apfelbisses zu ewigen Qualen verdammt, oder ein Teufel, der dann und wann eine sündige Seele zum Nachtisch verspeist? – Die Geburt des Gottessohnes ist eine sittliche Unmöglichkeit, weil Gott sich durch den intimen Umgang mit der Braut eines anderen auf eine Stufe stellt mit dem Schürzenjäger Zeus und so seinen moralischen Kredit verspielt!

Wenn ich die Schuld eines anderen bezahlen will, muß ich die ganze Summe entrichten und darf nicht selbst Schuldner sein. Gott ist das Ideal, das die Menschheit zur

Edelmenschlichkeit führt, und der Teufel läßt sie nur stolpern, damit sie desto sicherer gehen lernt. Deshalb ist es besser, ihn, wie Goethe im *Faust,* nicht mit Bockshufen und Hörnern darzustellen, sondern das Diabolische in der Disharmonie einzelner, für sich genommen schöner Züge – »

Die letzten Worte gingen unter in einem würgendem Husten, der sich wie eine Lassoschlinge um Old Shatterhands Brust legte und ihm die Luft abschnürte. »Sehen Sie nicht, daß mein Mann einen Schwächeanfall hat«, sagte Klara May. »Das Gespräch strengt ihn zu sehr an. Bitte lassen Sie uns allein.«

»Ihr Wunsch ist mir Befehl, gnädige Frau!« H. machte auf dem Absatz kehrt und verließ mit einer linkischen Verbeugung den Raum.

»Ein unheimlicher Mensch«, sagte Klara May, als der Besucher gegangen war. »Er sieht aus wie ein jüdischer Anarchist: Die stechenden Augen, der unstete Blick – nur der Antisemitismus paßt nicht dazu.«

»Unsinn, Liebes. Der Judenhaß ist eine Kinderkrankheit, die er rasch überwunden haben wird – so wie ich meine Erkältung.« Old Shatterhand unterdrückte einen Hustenanfall. »Während ich den jungen Mann reden hörte, hatte ich die Vision, daß er vom Schicksal auserwählt ist, als Staatenlenker oder als Künstler – wer weiß? Wir stehen vor großen Geburten. Solchen Geburten gehen Wehen voraus. Wer aber soll diese Wehen fühlen? Etwa die Kleinen, die Pygmänen, die Würmer, die nicht gebähren können? Er glaubt an seine Mission, glaubt fest an sie! Und wenn seine Stunde kommt, wird er das Zukünftige gebären, ohne dich als Hebamme und mich als Geburtshelfer zu brauchen! EMPOR INS REICH DER – »Old Shatterhand rang keuchend nach Luft.

9

In dieser Nacht konnte H. keinen Schlaf finden. Er wälzte sich unruhig auf dem schmalen Bett hin und her – Pritsche ist ein besseres Wort dafür – und sah auf die nackte Glühbirne, die mehrmals aufflackerte und dann erlosch. Die Anstaltsleitung hatte das Licht abgedreht. H. hätte bei Kerzenschein weiterlesen können, aber nach Lektüre stand ihm heute nicht der Sinn, denn die Worte des genialen Schriftstellers gingen ihm nicht aus dem Kopf. Was hatte Karl May gemeint, als er sagte, Gott und Teufel seien in uns? Hatte er sich für oder gegen das Judentum ausgesprochen? Von der Antwort auf diese Fragen hing vieles, nein: hing alles für ihn ab, denn dies war die Nacht der Entscheidung, und H. fühlte sich wie ein zum Tode Verurteilter, der am nächsten Morgen zur Hinrichtung geführt oder in die Freiheit entlassen wird. Hanischs Schnarchen, verursacht durch übermäßigen Alkoholgenuß, und die regelmäßigen Atemzüge seines Zimmernachbarn Kubizek drangen durch die dünne Wand, aber jedes Mal, wenn er kurz vor dem Einschlafen stand, schreckte H. hoch und war hellwach.

Im Halbschlaf schwebte er über dem Wasser, unter ihm wogte und wallte die Finsternis und brütete den Geist des Bösen aus. Schatten flogen vorüber, grinsende Larven, Blitze zuckten aus schwarzen Wolken, und im Rollen des Donners brauste der Fürst der Finsternis heran, umschwirrt von seinem Gefolge böser Geister. Satan war allgegenwärtig und allmächtig, aber sein Fluch wurde zum Segen, sein Haß zur Liebe, und Sterne durchbrachen die stockdunkle Nacht.

H. fiel auf die Knie, und als er aufblickte, sah er, daß Gott Satan und Satan Winnetou war. »Ich bin der Geist der Erde«, sagte der Edelmensch. »Steh auf. Wir sind Söhne eines Vaters, Kinder eines Lichts, Träger eines Gedankens und Töne eines Akkords.«

Umflort vom Licht der Wahrheit und vom Glanz der Liebe, saß Winnetou auf seinem weißen Pferd, dessen Name H. im Traum entfallen war. Er beugte sich hinab, reichte ihm die Hand und zog ihn mit einer raschen Bewegung zu sich hinauf, und an die Schulter des Apatschen geschmiegt, dessen schwarzes Frauenhaar ihn umflatterte, galoppierte H. durch die Prärie, dem Mount Winnetou entgegen, dessen Gipfel, wie das Auge des Heiligen Geistes am höchsten Punkt der Pyramide, die aufgehende Sonne überstrahlte. Vom Lichtschein geblendet, scheute das Pferd und warf seine Reiter ab; engumschlungen rollten sie durch das hohe Gras. H. spürte Winnetous Gesicht über sich, ihre Lippen streiften einander, und er küßte ihn. Knoblauchgestank stieg ihm in die Nase, und als er die Augen aufschlug, sah er anstelle des Apatschenhäuptlings den jüdischen Hausierer vor sich, mit dem er in der Leopoldstadt aneinandergeraten war. »Ich nehme nichts mehr von Ihnen in Kommission«, sagte der Kaftanjude. »Ihre Bilder sind unverkäuflich. Zum Künstler haben Sie kein Talent – Sie sollten Politiker werden!«

Als H. am nächsten Morgen, übernächtigt und mit schalem Geschmack im Mund, die Kantine des Männerwohnheims betrat, saß Hanisch am Frühstückstisch. Er trank einen Schluck Malzkaffee und sagte in triumphierendem Ton, ohne von seiner Zeitung aufzublicken: »Hier steht, Karl May ist ein rechtskräftig verurteilter Dieb und Betrüger, der sich mit falschen Doktortiteln schmückt. Gleich und gleich gesellt sich gern!« – »Du schließt von dir auf andere. Wir sind geschiedene Leute!« H. verließ türenschlagend den Raum.

10

Bei der Ankunft in Dresden erlitt Old Shatterhand einen Schwächeanfall und wurde, fröstelnd unter seinem Reiseplaid, in einer Mietdroschke nach Radebeul gebracht, wo der Hausarzt Dr. Mickel einen grippalen Infekt diagnostizierte, der sich zur *Angina pectoris* ausweitete und von den Bronchien auf die Lunge übergriff. Die von Dr. Mickel verschriebenen Medikamente schlugen ebensowenig an wie die kalten Umschläge, die Klara ihrem kranken Ehemann verabreichte. Die Fieberkurve stieg weiter, und am 30. März 1912, acht Tage nach seinem triumphalen Auftritt in Wien, starb Karl May im Balkonzimmer der Villa Shatterhand, mit Blick auf seinen geliebten Magnolienbaum, der erneut Knospen trieb. Seine letzten Worte waren: *Sieg, großer Sieg!*, und er wurde auf dem Radebeuler Friedhof in einem Grabmonument beigesetzt, das dem Nike-Tempel auf der Athener Akropolis nachempfunden war.

Bertha von Suttner starb sechs Wochen vor Ausbruch des Ersten Weltkriegs, dessen Verhinderung sie ihr Leben und ihre Arbeitskraft gewidmet hatte. Robert Müller schoß sich eine Kugel in den Kopf, nachdem der von ihm gegründete Verlag bankrott gemacht und die Literaturkritik seine Romane nicht zur Kenntnis genommen hatte: »Der Verlagsdirektor Müller hat den Dichter Müller getötet«, schrieb Robert Musil in einem Nachruf auf seinen verstorbenen Freund.

H. blieb den Idealen seiner Jugend für den Rest seines Lebens treu. Als Reichskanzler und Führer des Großdeutschen Reichs lud er Karl Mays Witwe zu den Wagner-Festspielen ein, und Klara May bedankte sich, indem sie die Nürnberger Gesetze zum Schutze des deutschen Blutes und der deutschen Ehre als zukunftsweisend pries. Im Kriegswinter 1943, während die in Stalingrad eingekesselte achte

Armee in heroischem Abwehrkampf einem zahlenmäßig überlegenen Gegner widerstand, las H. Nacht für Nacht im Winnetou, den er als Vorbild für jeden Kompanieführer pries.

Hanisch kam unter ungeklärten Umständen in einem Wiener Gefängnis ums Leben, nachdem er versucht hatte, seinen früheren Freund unter Hinweis auf die gemeinsame Zeit im Männerwohnheim zu Geldzahlungen zu erpressen; vermutlich ist er von einem Gestapo-Agenten erdrosselt worden. Der Glasermeister und Rahmenhändler Samuel Morgenstern schrieb einen Bittbrief an den Führer des Großdeutschen Reichs, in dem er H. daran erinnerte, daß er dessen Aquarelle stets pünktlich bezahlt und ihn nie übervorteilt habe; und er bat darum, mit seiner kranken Frau ins Ausland emigrieren zu dürfen. Der Brief wurde vom Obersalzberg der Berliner Reichskanzlei überstellt und dort, mit dem Vermerk *Jude* gestempelt, zu den Akten genommen; er hat seinen Adressaten nie erreicht. Die Eheleute Morgenstern wurden nach Theresienstadt deportiert; dort verliert sich ihre Spur.

RÜCKBLICK UND AUSBLICK

1

Wie der Generalintendant der Deutschen Oper Berlin, Götz von Berlichingen, auf einer Pressekonferenz in Tel Aviv kürzlich erklärte, sei der antisemitische Vorfall beim Gastspiel seines Ensembles in Israel, wo ein Orchestermusiker seine Hotelrechnung mit Adolf Hitler *unterzeichnet hatte, kein übler Scherz und auch keine peinliche Entgleisung gewesen, sondern ein Prüfstein für die Belastbarkeit der deutsch-israelischen Beziehungen, die diesen Härtetest glänzend bestanden hätten. »Zumindest in dieser Hinsicht hat der Skandal so etwas wie eine Katharsis bewirkt«, fügte von Berlichingen wörtlich hinzu. Zwar habe der Musiker sich der Urkundenfälschung schuldig gemacht, da er weder Adolf mit Vornamen, noch mit Nachnamen Hitler heiße, doch ziehe er dessen vorschnell ausgesprochene und arbeitsrechtlich umstrittene Kündigung zurück. Bei einer außerplanmäßigen Personalversammlung eine halbe Stunde vor Aufführung der* Zauberflöte *habe der Kontrabassist den auf offener Bühne versammelten Mitgliedern des Ensembles, von denen viele den Tränen nahe gewesen seien, glaubhaft versichert, er sei kein Antisemit, sondern ein Bewunderer des israelischen Generals Mosche Dayan, dessen Leistungen im Sechstagekrieg er mit denen des Feldmarschalls Rommel verglichen habe. Von Berlichingen entschuldigte sich deshalb im Namen der gesamten Belegschaft bei dem Bassisten, für den die Aussöhnung zwischen Deutschen und Juden eine Herzensangelegenheit sei, die seiner Meinung nach reibungsloser vonstatten ginge, wenn Israel sich für das während des Zweiten Weltkriegs an Deutschen begangene Unrecht öffentlich entschuldigen würde, wie dies die Bundesregierung bei mehr als einer Gelegenheit getan habe. Zwar habe der Judenstaat im September 1939 noch nicht existiert, aber durch die formelle Kriegserklärung des jüdischen Weltkongresses gegen das Deutsche Reich habe sich Is-*

rael unverjährbarer Verbrechen schuldig gemacht, von der Bombardierung Dresdens bis zur Vertreibung der Sudetendeutschen, für die es, anders als für die Gaskammern von Auschwitz, unwiderlegliche Beweise gebe, die von Historikern aller Denkschulen anerkannt würden. Nach Absprache mit seinem Anwalt behalte er sich die Einleitung juristischer Schritte vor, aber – mit diesen Worten beendete der Kontrabassist sein von spontanem Beifall unterbrochenes Plädoyer – wenn die Regierung in Tel Aviv bereit sei, vor ihrer eigenen Haustür zu kehren, werde auch er die Angelegenheit als erledigt betrachten.

2

Wie Bundesaußenminister Klaus K. während eines Staatsbesuchs in Ulan Bator verlautbaren ließ, habe der diskriminierenderweise als Mongolensturm bezeichnete Feldzug von Dschingis Khan nach Westen in Wahrheit dem Kulturaustausch zwischen Asien und Europa gedient und sei, so besehen, eine Kulturleistung ersten Ranges gewesen, vergleichbar der Kernspaltung oder der Entwicklung des Impfstoffes gegen Typhus und Cholera. Nicht nur hätten die Mongolen lange vor den Europäern die als besonders scheu geltenden Przewalski-Pferde gezähmt – sie hätten außerdem das von chinesischen Wissenschaftlern erfundene Schießpulver und den Kompaß nach Europa gebracht, zwei Neuerungen, ohne deren Kenntnis die koloniale Expansion Europas in Länder der Dritten Welt nicht möglich gewesen sei. Den Hinweis einer kritischen Journalistin auf von Dschingis Khan befohlene Greueltaten wie die Auslöschung ganzer Städte, die sich dem Ansturm seiner Horden widersetzt hätten, und die Verschleppung ihrer Bewohner in die innere oder äußere Mongolei, konterte Klaus K. mit dem Sprichwort, wo gehobelt werde, fielen bekanntlich Späne; auch die Kreuzritter hätten sich nicht allzu ritterlich benommen und die Zivilbevölkerung des Nahen Ostens nicht gerade mit Samthandschuhen angefaßt. Trotzdem bleibe es unbestritten, daß die Kreuzzüge den deutschen Küchenzettel bereichert hätten mit exotischen Gewürzen wie Pfeffer und Paprika, ohne die die Zubereitung eines Jäger- oder Zigeunerschnitzels heutzutage nicht möglich sei. So besehen, fügte der Bundesaußenminister, an die kritische Journalistin gewandt, hinzu, hätten die Eroberungszüge von Dschingis und Batu Khan das gegenseitige Kennenlernen befördert und dem Abbau von Vorurteilen gedient, vergleichbar der Arbeit des Goethe-Instituts oder der von seinem Amtsvorgänger Hans-Dietrich G. betriebenen Politik des Ausgleichs und der Entspannung mit den Staaten des Warschauer Pakts: Bekanntlich habe erst der Bau der Berliner Mauer die Überwindung der Mauer möglich gemacht.

NACHBEMERKUNG DES AUTORS

Die in diesem Buch versammelten Geschichten haben sich so oder ähnlich zugetragen: Sie sind wahr, soweit Geschriebenes Wahrheit für sich beanspruchen kann – nicht im Sinne exakter Geschichtsschreibung, sondern im Sinne der Literatur, die den Geschichtsprozess zur Kenntlichkeit hin entstellt. Totalitäre Diktatoren wie Stalin oder Pol Pot und andere historische Akteure erscheinen unter ihren richtigen Namen; andere im Text vorkommende Namen wurden, um Mißverständnissen vorzubeugen, verändert oder unkenntlich gemacht. Ähnlichkeiten mit realexistierenden Personen waren und sind vom Autor nicht beabsichtigt.

Das Spannungsverhältnis von Fiktion und Realität läßt sich nicht ungestraft auf den einen oder anderen Pol reduzieren. Aber wer sich für die realen Vorlagen und politischen Hintergründe der Geschichten interessiert, der sei auf mein Buch *Blut im Schuh* verwiesen, erschienen in der *Anderen Bibliothek* des Eichborn Verlags, das u. a. den Völkermord der Roten Khmer in Kambodscha thematisiert. Vom Besuch westlicher Journalisten bei Pol Pot berichtet Elizabeth Becker in: *When the War Was Over,* Public Affairs, New York 1998. Ebenfalls im Eichborn Verlag erschien 1991 Gerd Koenens Buch *Die großen Gesänge*, eine materialreiche Untersuchung über die Verführbarkeit der Intellektuellen durch totalitäre Diktaturen, die auch das Wirken von Stalins Chefankläger Wyschinski beleuchtet, dessen *Gerichtsreden* (Ostberlin 1955) das von mir paraphrasierte Plädoyer entnommen ist. Über die Begegnung von Adolf Hitler mit Karl May informiert Brigitte Hamanns Monographie *Hitlers Wien – Lehrjahre eines Diktators,* die 1996 im Münchner Piper Verlag erschienen ist; dort weitere Literatur.

H. C. B.

Berlin, November 2002